生活因阅读而精彩

生活因阅读而精彩

成功绝非偶然

马化腾价值千亿的创业哲学课

布衣◎著

时事出版社

图书在版编目(CIP)数据

成功绝非偶然.2,马化腾价值千亿的创业哲学课/布衣著.
—北京:时事出版社,2015.1
　　ISBN 978-7-80232-784-9

Ⅰ.①成… Ⅱ.①布… Ⅲ.①马化腾-生平事迹　②电子商务-商业企业管理-经验-中国　Ⅳ.①K825.38　②F724.6

中国版本图书馆 CIP 数据核字(2014)第259949号

出 版 发 行：时事出版社
地　　　址：北京市海淀区万寿寺甲2号
邮　　　编：100081
发 行 热 线：(010)88547590　88547591
读者服务部：(010)88547595
传　　　真：(010)88547592
电 子 邮 箱：shishichubanshe@sina.com
网　　　址：www.shishishe.com
印　　　刷：北京建泰印刷有限公司

开本：787×1092　1/16　印张：17　字数：186千字
2015年1月第1版　2015年1月第1次印刷
定价：29.80元
(如有印装质量问题,请与本社发行部联系调换)

前　言

我不知道多少人睡觉前的最后一件事情是发微信，我也不知道多少人起床后的第一件事情是发微信。虽然我不是这样的，但是我不得不去相信，微信已经开始改变我们的生活。我们通过微信与别人沟通、通过微信打车、通过微信晒自己的生活、通过微信抢红包、通过微信交电话费、通过微信玩游戏……甚至在我写这本书的前言时，微信已经和京东达成合作，开始全面展开"购物"模式。

这一次，我们的生活再度被腾讯公司的产品所改变。

那上一次呢？

是不是就是那个跳动着的小企鹅呢？

是的，如果说当年腾讯QQ的出现改变了中国人的沟通方式的话，那随后腾讯公司围绕着腾讯QQ所展开的一系列行动以及推出的一系列产品，则彻彻底底建立了一个一站式的在线服务生活模式。

不管我们承不承认，互联网时代已经来临，准确地说，我们需要面对的是移动互联网时代的来临。

互联网在中国的发展并没有多长时间，却很快占领了我们的生活。随着时代的变迁，已经有太多太多的人离不开电脑了，我们每天坐在电脑前工作、生活或者娱乐。门户巨头——新浪、搜狐和网易；搜索引擎佼佼者——百度；网络游戏的先锋——盛大、九城和巨人；电子商务的双骄——阿里巴巴和京东，还有很多很多……当然还有我们本书的主角——IM龙头，由马化腾带领着的腾讯公司。

马化腾是谁？他又是如何带领一个只有几人的公司创造了今天的成就的？腾讯公司在发展的道路上到底遇到了怎样的艰难险阻？腾讯QQ是一个怎样的一个产品？为什么腾讯QQ能够建立一站式的在线服务，从而引领我们的生活？随着智能手机的普及，腾讯公司又会有怎样的动作？

本书将一个个揭开这些问题的谜底，从而让我们彻底了解马化腾以及腾讯公司。

随着互联网的不断发展与完善，也借着智能手机的普及，移动互联网时代已经出现在我们面前。如果说当年电脑是很多人生活、娱乐、工作、获取知识的工具的话，那么今天，电脑的功用似乎有所降低，至少对于我来说，它只剩下写作这一个功能了，其他时间我基本不会去碰它。哦，对不起我的电脑，但的确使用手机或者平板电脑要方便很多。

这个时候，谁又会成为借助智能手机而实现弯道超车的互联网巨头呢？

目录
contents

卷一
成长篇
——成功有先天基因吗

003 第一章 腼腆内向
——"小马哥"小时候很Q

无忧无虑的童年时光 / 003
一个具有理想的天文爱好者 / 007
改变只从一点点开始 / 010

013 第二章 炒股编程
——"马站长"上学时很忙

炒股捞得人生第一桶金 / 013
编程并不是马化腾的强项 / 016
身边有一群非常相似的人 / 019

023 第三章 毕业打工
——怎么看都很普通的"小马"

马化腾眼中的互联网世界 / 023

打工时练就的互联网思维 / 027
从此和互联网有个约会 / 030
寻找适合自己的发展空间 / 034
从打工到创业或许只有一步 / 041

卷二 创业篇
——看鲤鱼如何跳龙门

047 第四章 时来运至
——走运但不指望永远走运

从这一刻起世界将多了只"企鹅" / 047
腾讯公司的创业团队 / 050
创业路上的那些感悟 / 059
创业路上的艰难险阻 / 065

069 第五章 危局之坎
——差点廉价处理的帝国雏形

QQ诞生的遭遇 / 069
选择了融资这条路 / 078
坚持必定见到曙光 / 084

090 | **第六章　香港上市**
　　　　——"企鹅"过香江赴资本盛宴

　　找到收费渠道的腾讯公司　/　**090**
　　腾讯成为上市公司　/　**095**
　　与 AOL 的那场鏖战　/　**102**

卷三
经营篇
——一招鲜能否吃遍天

111 | **第七章　产品原则**
　　　　——要让用户觉得方便

　　QQ 要收费了吗　/　**111**
　　与 MSN 的市场争夺战　/　**118**
　　还有一场纷争等着腾讯 QQ　/　**125**
　　腾讯公司从来都没有放弃　/　**132**

138 | **第八章　OICQ 到 QQ**
　　　　——模仿创新的滥觞

　　QQ 有了模仿者　/　**138**
　　现在成了别人的模仿对象　/　**143**
　　Q 币到底是什么币　/　**149**
　　积极打击网络犯罪　/　**153**

159 第九章 多管齐下
——多样化跟风，深入化超越

《QQ幻想》强势袭来 / 159

纷争中推出一系列网络游戏 / 167

和强手百度之间的竞争 / 169

手机游戏的介入 / 174

公益事业的发力 / 178

卷四
战略篇
——布好互联网的大局

187 第十章 谋篇布局
——看似无章法，处处踩先机

也要做门户网站 / 187

把流量先做起来 / 192

别忘了还有广告这块市场 / 199

重大赛事的转播 / 203

酝酿着的一场市场争夺战 / 208

213 | 第十一章 舍得电商
——于有所舍中亦有所得

推出了拍拍网 / 213

赢在了对方的失误上 / 219

风云突变的电子商务平台 / 223

电子商务的整体战略 / 227

腾讯电商拥有秘密武器 / 231

236 | 第十二章 移动未来
——小微信，暂得移动端先机

微信进入人们的生活 / 236

不断深耕的微信 / 242

发力移动电商 / 246

寻找主要的盈利模式 / 253

移动电商将会是一个战略 / 256

卷一　成长篇

——成功有先天基因吗

第一章 / 腼腆内向——"小马哥"小时候很 Q

恐怕谁都没有想到，小时候的马化腾最喜欢的根本就不是互联网，而是天文。在很长一段时间里，马化腾最想成为一个天文学家，只不过理想和现实毕竟有很大的差距，最终在报考大学的时候，他选择了与计算机有关的专业。我们不能肯定若马化腾当初坚持自己理想的话，中国会不会多一位优秀的天文学家，但起码中国肯定会少一位优秀的企业家。小时候的马化腾和成年的马化腾除了在理想上不同之外，其他地方都保持了一致，他一直是一个喜欢钻研、做事认真而且比较低调的人。

无忧无虑的童年时光

马化腾出生于广东省汕头市，那一年是 1971 年，那个时代网络基本上还没有出现在中国。他出生时也没有什么特殊的事情发生，就像所有普通的孩子出生一样，世界人口的数字只是稍微波动了一下而已。

那一年，马化腾的父亲马陈术在海南儋州担任公职，也正是因为这个原因，马化腾这个广东人实际是在海南省儋州市长大的。要说儋州绝对是一个风景如画的地方，不仅有优美的自然风光，而且有浓厚的现代气息，这个交通便利的小岛在很大程度上接受了很多外来的文化。在距离儋州市15公里左右的地方有一座非常著名的水库——松涛水库，其资源丰富、幅员辽阔，即便在全国也十分罕见，这里曾给马化腾留下了很多美好的回忆。对于任何人来说，童年的时光往往是最为美好的，影响也最为深远，马化腾也不例外。

马化腾小时候非常聪明，而且成绩优异，尤其是对数学非常感兴趣，当时他的一个绝活就是背圆周率。小时候的马化腾还是一个喜欢做梦的孩子，有着远大的梦想。当然和所有人想的不一样的是，那个时候的他对互联网或者软件工程师一点兴趣都没有，也根本不知道什么是互联网，更不知道软件工程师到底是个什么职业。那时候的马化腾最喜欢的就是璀璨的星空，他迷恋于这种景色，幻想成为一名天文学家。

一个懵懂的少年，在每个有星星的夜晚，独自守着纯净而明亮的天空，看着忽明忽暗的星星，心中涌现出无数美好的事物，同时也对自己的人生充满着遐想。相信对每一个纯真的孩子来说，守望着天上的星星是最为惬意的事情了。马化腾就是这样的，每天守望星空就是他的爱好，虽然他最终没能如愿成为一个天文学家，但正是这种守望，使他养成了安静含蓄的做事风格。也正是因为具备这样的行事风格，中国互联网行业出现了一位犹如天上的星一般璀璨的明星。马化腾做人含蓄，但是做事认真、有魄力，即便在腾讯公司成功之后，已经成为社会名流的他，在参加一些访谈类节目时也会害羞，也会涨红了脸。这就是马化腾，那个守望着星空的孩子。

前面说过，马化腾最初的人生理想是成为一名天文学家，爱好和梦想的结合，使得这个孩子将更多的时间用在了观察星空上。小时候的他一直希望能够得到一架专业的望远镜，但是这种望远镜价格不菲，几乎是父母好几个月的工资,所以马化腾在很长时间里都没能拥有专业的望远镜。

马化腾自己也知道,虽然这是正常的爱好,但毕竟对于一个普通家庭来说这种消费实在是大了些。可他还是不甘心,于是在自己的日记中写道:"父母的做法,很可能会扼杀一位天文学家。"当有一天马陈术夫妇无意间看到这句话时,才知道这一次马化腾是认真的。经过很长时间的商量之后,他们决定满足儿子这个"奢侈"的要求,为他购买一架专业的天文望远镜。当马化腾得到这架天文望远镜的时候,连他自己都不敢相信,从此他便沉迷于观察天空的乐趣之中。

就算是成年之后,当有人问他最为骄傲的一件事情是什么的时候,他也会回答是在学生时代拍摄到了哈雷彗星。那是1986年,当时马化腾已经到了深圳。在那之前的一次晚饭后,他抱着他的"宝贝"来到天台上,新闻预报说当天晚上会有罕见的流星雨天象,但是那晚他并没有拍摄到流星雨,反而在天台上累得睡着了。后来,在1986年他终于如愿以偿,同时也成为深圳市第一个拍摄到哈雷彗星的人。

过后,马化腾本来是计划报考天文系的,后来经过思考和多方打听,他才知道理想和现实有很大的差距,报考天文系的学子毕业后大部分成了地理老师,而不是他所设想的天文学家。马化腾重新开始规划自己的人生,虽然仍痴迷于天文观测,但他最终还是选择了更有发展的计算机系。不过他始终没有放弃,即便到了今天,他也会寻找合适的机会去观察天文现象。

无疑,马化腾的童年是快乐的,他有自己沉迷的爱好,父母对他的兴趣爱好也大力支持。除了天文爱好之外,马化腾还沉迷于水。小时候他并没有什么特别的玩具,自然也不知道什么网络或娱乐场所,那个时候他最喜欢的就是爬山或者玩水。儋州市周边有著名的松涛水库,放学之后,马化腾就会和小伙伴们来到这里玩耍、捕捉鱼虾。松涛水库是一个快乐的宝地，马化腾沉醉于此，不但领略到了自然的秀美，也体会到了生命的热情。

马化腾在这里度过了一个无忧无虑的童年，虽然他在童年没有像现在的小孩子一样到处上补课班，但这丝毫没有影响他之后成为一位优秀的软件工程师，并最终成为一位优秀的企业家。

一个具有理想的天文爱好者

小时候的马化腾是一个略微有些自闭的孩子,就算是很多年之后,他也承认当时的自己就像一个"书呆子",有些朋友甚至怀疑他长大之后能不能找到女朋友。

至于商业,马化腾对于"做生意、倒买倒卖,一点兴趣都没有"。同时,他又是一个不排斥挣钱的实用主义者,在上大学的时候就编写出了一套程序,然后以5万元的高价卖给了黎明网络公司。当然这是后话了。

在海南度过了童年的马化腾,直到初二才随父母迁回深圳,在这里他见识到了一个完全不同的世界。那个时代推崇的是深圳速度,国贸大厦三天就可以完成一层,与此同时,深交所门前一群群的人拖着麻袋等着认购股票。此时的马化腾开始逐渐变成一个实用主义者。

思想开始转变的马化腾已经无法接受学习天文只能做地理老师这一事实,他最终在自己的大学申请表上填写了"计算机专业"。就像后来他自己说的,"做一件事情能够用自己的编程技术,能够做出一个产品去卖,或者能够帮到别人、能够提高效率等等,这些对我来说更有意义"。这种选择究竟有没有让马化腾获得快乐我们不得而知,但是这种改变却为日后的一个网络奇迹埋下了伏笔。

深圳是一个奇怪的城市,这里扼杀了一个天文爱好者,甚至有可能埋没了一位优秀的地理老师或伟大的天文科学家，但却培育出了一位优秀的企业家，为一个网络奇迹奠定了基础。

马化腾的父母从来没有想到自己的儿子有一天会做生意，在他们的眼里，儿子就是一个书呆子。马化腾自己对做生意也不是很感兴趣，他不是那种不断去追求生意的人，除非有人看中了他的技术或产品，那么这担生意就顺理成章了。

小时候的马化腾还是渴望走天文这条道路的，他的脑海中永远浮现的是天文、自然科学方面的知识，他甚至还会去研究特异功能之类的东西。我们在前面说过，1986年，马化腾观测哈雷彗星的回归，并用学校的器材拍了一些照片，成为所就读的深圳中学第一个找到哈雷彗星的学生。为此他还写了一篇观测报告，并最终获得了一大堆奖，还有几十块钱的奖金和参加观测比赛的机会，只不过最终因为要升学而没有去成。

准备考大学的时候，马化腾了解到当时只有南京大学有天文系，可大部分学生毕业之后并不会被分到天文台，而是去做了地理老师，对此他失去了兴趣。他开始接触计算机，并最终报考了深圳大学的计算机系。

早在上中学的时候，马化腾就接触到了电脑，还是苹果电脑，而他真正开始喜欢电脑却是在大学的时候。当时计算机远不像现在普及，大学机房里的计算机非常紧张，为了能够在硬盘上存一些数据，或者避免别人用自己想用的那台电脑，马化腾就会写一些分区锁定电脑。

上大学时的马化腾并不是核心人物，当时班级里有几个同学的技术都非常强，他只能跟在别人后面学习。不过同学之间的关系是平等的，他们经常在一起探讨计算机知识。那个时候的马化腾同样对课余活动没有兴趣，依然保持了自己书呆子的形象，整天只知道研究技术。他会找一些能够与自己优势互补的同学，然后大家一起探讨。在这些活动中，他快速成长。马化腾的立场一般比较中立，虽然在某些方面他不是最强的，但他往往能够将别人的想法集中在一起，然后快速发散到有用处的地方去，所以一段时间里，马化腾成为同学们中的催化剂。

很多人将马化腾在商业上的成功归咎于其潮汕人的血统，马化腾自己并不这样认为——他并不是出生在潮州，他的父亲马陈术曾经担任过深圳市盐田港集团有限公司的副总经理，他的母亲也曾经是一位会计，显然这种家庭为日后马化腾的创业提供了不少帮助，但他本人的天赋以及务实的品质才是其成功最重要的原因。

当然，天文一直以来都是马化腾的爱好，很多年之后，腾讯公司的董事会决定送给他一件礼物，最终他们选择的就是一台天文望远镜的模型。有趣的是，这架模型非常具有深圳特色，因为它是一个山寨版的模型。

改变只从一点点开始

马化腾的思维转变缘起于他初二的时候来到深圳中学,当时他见证了所谓的深圳速度。深圳是中国改革开放的先驱,两大通讯设备制造企业华为和中兴都出现在这里。靠近香港这一得天独厚的地理优势使得深圳的贸易非常发达,而这些都在悄悄地改变着年少的马化腾。也正因如此,之后的腾讯公司是以做通信为主,而马化腾自己的第一份工作也是做寻呼。

其父马陈术在盐田港工作,在做生意方面有一些经验。在马化腾创业初期,很多做账之类的工作都是父亲和母亲帮他完成的。而在最初接受风投的时候,IDG的财务人员也是直接和他父母对账的,无论是父亲还是会计出身的母亲,在这一方面都对马化腾帮助不少。就算是企业发展到后来并遇到一些机遇时,马陈术也从自己经验的角度,不断地提醒儿子要注意风险,应尽量避免因发展过快而产生的问题。所以,我们不难理解为什么马化腾始终保持着谨慎的态度,很多事情都是在做顺了之后才去寻找突破点。

马化腾上大学那会儿,很少有商业明星会去学校里演讲,倒是快毕业的时候,老师会到外边接一些项目,然后带回来给毕业生做毕业设计,这时他才算是和商业挂了一点钩。马化腾感觉非常有意思,因为他认为这是在为企业做事情,自己学到的东西终于派上用场了,所以他很珍惜这种机会。

上大学的时候,马化腾主要接触了两个系统,一个是证券交易系统,另一个是寻呼系统。马化腾的大学毕业设计就是股票行情分析系统，在上一节中曾提到过，他将这套系统最终以 5 万元的价格卖给了黎明网络公司。

青涩的马化腾此时看待问题还不是以商业的眼光，只是单纯地从技术的角度去看，在他的眼里，自己的编程技术或是做出来的产品能够帮助到别人，从而提高别人的工作效率，这才是他最开心的事情。

1995 年底，马化腾开始接触互联网，最初在润迅是通过长途电话线拨到香港，然后连接上网络，使用的浏览器还是 Mosaic。当时马化腾做惠多 BBS 站台，一根电话线只能有一台设备连接网络，而深圳惠多有 4 根线缆，算得上是超豪华版了。马化腾知道，其实互联网可以允许多人同时访问一个线路，这是一个机会，同时他也知道惠多网可能支撑不下去了，因为他们已经跟不上形势的发展了。果然，之后互联网迅速发展起来，到 1998 年马化腾就关掉了惠多网的那个站台。

马化腾着力研究互联网到底能够带来什么，当时他还在做寻呼，所以很想引入网络寻呼这个概念，即通过互联网实现寻呼，从而将内部的系统连接起来，给寻呼业带来一个春天。但同时马化腾也很明白，寻呼业正在日渐衰落，手机的普及和短信的应用将直接导致寻呼业日后成为夕阳行业。1998 年，马化腾选择离开寻呼业，虽然他心中还抱有一丝侥幸心理，但两年之后还是彻底离开了寻呼业。

跳出寻呼业之后的马化腾做的第一个项目，就是将自己的网络寻呼系统卖给寻呼台，而 QQ 只不过是他给各个寻呼台开发系统的一个附带功能。后文中会详细讲到这一点。

马化腾一直认为自己能有今天的成就，腾讯公司能有今天的规模，在很大程度上是基于幸运，因为国内互联网行业和国际互联网行业基本站在同一条起跑线上。而整个互联网的大趋势需要以中国的国情做契合点，想在中国做信息行业，需要更加关注对社会的影响，而不仅仅是看收入，需要全面了解中国的国情，才能够让企业稳健地走下去。

或许中国少了一个伟大的天文学家，但却多了一个优秀的企业家，腾讯企业更是成为行业中的翘楚。人生就是这样，一点小小的改变，往往就带来巨大的效益和不同。无论是中学时候酷爱天文的马化腾，还是大学时期步入计算机行业的马化腾，他都坚持着自己的坚持，努力着自己的努力，他最终的成功并不像他自己说的那样完全依靠幸运，他自身以及腾讯公司的发展同样经历了起起伏伏、坎坎坷坷……

第二章 炒股编程——"马站长"上学时很忙

进入大学之后马化腾并没有闲着,在这个全新的领域中他需要学习的还很多,而且他本来就不是一个"安分守己"的学生。上学的时候他就经常接一些活儿来练手,他自己也承认在专业素质方面他不是国内最厉害的,但是他始终坚持学习,他采用的是最为普通的方法——抄写代码。好在他大学的时光没有荒废,不仅学到了很多知识,而且得到了各种锻炼,最终为日后创业奠定了最为牢靠的基础。

炒股捞得人生第一桶金

马化腾家境殷实,这一点为他的创业奠定了先天的基础。不过马化腾所有创业的资金并不是来自于父母。

马化腾的父亲马陈术是位著名的经济师,曾经担任交通部海南八所港务局会计、统计员、打算科科长、副局长,深圳市航运总公司计财部司理、总司理,深圳市盐田港扶植批示部副总批示,深圳市盐田港集体有限公司副总司理等等职位。1997年马陈术被选为盐田港上市公司的董事,他的一生可谓非常辉煌。正是因为有了这样一位父亲，马化腾从小就见惯了商场的起起伏伏。

马陈术和李嘉诚是同乡，李嘉诚非常欣赏盐田港的营业形态。正是因为这些，很多人都认为马化腾的事业与此有莫大的关系。

不过，这些仅仅是猜测。

无论是从资金还是人脉上，马陈术对马化腾的支持几乎为零，而他对马化腾最大的支持或许就是教育。无论是从公司的治理，还是从成本市场运营等等方面，马化腾显然继承了父亲的基因，这些才是他最大的财富。另外在马化腾创业初期，马陈术凭借自己的经验为儿子做账，这也是他对儿子的支持。马化腾的母亲黄丽卿长期以来都是腾讯公司的法人代表，马化腾对此解释说，当时开办公司的法人代表必须是待业或者退休的，所以他只能让退休的母亲成为公司的法人代表。

在那个年代，仅仅依靠工程师的薪资想要完成"资本的原始积累"是很难的一件事情。当时在润迅公司的马化腾月收入只有一千多元人民币，一年下来并没有多少积蓄。而腾讯公司的几位创始人，张志东也是收入微薄的工程师；深圳电信的曾李青、许晨晔以及在出入境检疫局的陈一丹，都是在事业单位工作，他们的收入就更低了。当时的《公司法》规定，要想成立一家公司必须有50万元的注册资本，所以摆在这些年轻人面前的首要问题是如何筹集到50万元的注册资本。

马化腾的创业资金主要来源于炒股，业界盛传他曾经将10万元炒到70万，对此马化腾一直没有正面回应过。

最终，马化腾他们还是筹到了50万元，而大部分是马化腾从二级成本市场获得的。至于腾讯公司的股份，马化腾占有47.5%，其他几位创始人的占有率加起来为52.5%。他这样做就是为了不让自己在公司一人独大，如果他想做一些极端的选择，其他几位创始人也可以联合起来否决。通过这一点可以看到，腾讯公司在创办时就形成了集体领导的局面，当然马化腾也没有失去对整个公司的控制。

而在创办腾讯公司之前，马化腾就职于润迅公司，当时他就有过一个类似QQ软件的提案，可惜这个提案并没有引起润迅公司高层的在意。他们不认为这个小东西有前途，一些中层领导指出："这个小东西到底是收钱呢，还是不收钱？如果不收钱的话，那我们何必要做这个东西？"那个时代没有人将客户资源看作比现金更重要的东西，没有人认为忠诚的客户是金钱买不到的东西。或许正是从这个时候开始，马化腾决定离开润迅公司了。

日后，当一些润迅的老员工回忆起马化腾时，都说他并不是一个起眼的人物，他普通到大家都会忽略他的存在。而正是这个不显山露水的年轻人，却最终改变了中国的互联网事业。

对于马化腾的选择，很多人认为那是一个非常值得的冒险。当时的润迅在行业中有一定的地位，在寻呼业中甚至处于垄断地位，就职于寻呼业在那时是每个人的梦想。润迅最为鼎盛的时期有20亿元的年收入，纯利润能够达到30%，是当时全深圳福利最好的企业，每天都会为自己的2万员工提供免费的午餐。虽然马化腾只是最普通的工程师，可他也有1100元的工资。

那几年是润迅最为光辉的年代。马化腾在润迅开阔了眼界，获得了企业管理的启蒙。但是马化腾以超出常人的眼光看到了这种繁华背后的落寞，最终他选择自己创业，而不是在润迅慢慢成长。

编程并不是马化腾的强项

　　一个人不可能永远是边缘人物，终究有一天他会进入别人的视野，并且成为他所在领域的主角，马化腾就是这样一个人。上学时的马化腾再普通不过了，他和所有普通大学生一样，每天过着上课、下课的生活，而且他技术平平，编程能力非常一般。

　　大学毕业后，马化腾在进入润迅之前，曾经在一些小企业中工作过，但并不顺利。但即便在这种困境中，他也没有放弃，也并没有借助自己父亲的关系改变自己的人生，反而是耐住性子一步一个脚印，扎扎实实地积累自己的社会资源，积累属于自己的财富。

　　马化腾从毕业到创业，中间有五六年时间都是在学习，他尝试了很多事情，学习到了各种对自己有帮助的知识。马化腾在这几年所经历的所有事情其实是每个大学生应当借鉴的宝贵财富，正是因为这些年的积累，马化腾才成为马化腾。30岁之前的马化腾积攒了属于自己的人脉，学习到了能够应用的知识，开阔了自己的眼界，确定了属于自己的价值观和人生观，从此之后的马化腾更懂得了如何看待、分析问题。

　　他当年学习编程的时候并没有什么天赋，甚至连最起码的热情都没有。而为了学好编程，他选择了最有效且最枯燥的方法——抄编码。当年他遭受了很多人不屑的目光，而今天他给别人讲这种方法时，又有谁会说这种方法不好呢？不过马化腾在编程技术方面的确不得要领，始终没能成为一个代码高手。不过，互联网公司的董事长并不一定要是个编程高手，只要懂编程就可以，至于具体怎么操作应该交给其他人去做，他还有更重要的事情要做。

显然，编程并不是马化腾面临的最重要的事情，他能够分清主次。他懂得将事情简单化，更懂得将最有限的资源集中应用，或许这就是马化腾成功的基石。

1993年马化腾进入润迅公司后，最初只是一个普通的软件工程师，负责寻呼软件的开发。在这里，他努力工作，最终成为开发部的主管。在这段工作的日子中，马化腾逐渐明白开发软件的意义并不在于工程师自娱自乐，而一定要有实际的应用意义。也正是在这一年，马化腾的同校师兄史玉柱开发的汉卡红遍了全国，巨人集团更是名噪一时。从这位师兄身上马化腾有所感悟，当时正是股市最为红火的时代，所以他针对股民开发了股霸卡，这套软件引起了巨大的轰动，在赛格电子市场卖到断货。

或许马化腾不是那个最懂编程的人，但他却是最懂得应用编码的人。他的这种思考方式对他日后的创业有很大的影响。

虽然马化腾在润迅公司没有得到太大的发展空间，但是润迅开阔了他的眼界，在这里他练就了敏锐的市场观察力，以及掌控市场的能力。马化腾是技术和市场的完美结合体，所以即便只是一名软件工程师，当他看到汉卡红遍全国的时候，还是立即抓住商机推出了股霸卡。而在此之后，马化腾又参与设计了多款在市场上大卖的产品。

在创业过程中，敏锐的马化腾及时发现即时通信的潜在市场，知道这必将是一个庞大的市场，所以在创业三个月后就推出了ICQ的翻版，但在开发中他更加注重用户体验，将用户真正需要的功能开发出来。这款产品同样引起了市场轰动,注册人数不断攀升,好评如潮。

在互联网行业中,比马化腾技术更强大的人比比皆是,但是能够在成就上和他比肩的却寥寥无几,追根到底就在于马化腾并没有将自己的所有精力放到技术研究上,他巧妙地将市场和技术进行结合,而这种结合拥有庞大的力量。

身边有一群非常相似的人

腾讯公司的创始人团队是个神秘的组织,他们可以说是中国互联网界最为稳固的一支创业团队。

腾讯的董事会主席兼首席执行官马化腾、首席技术官张志东、首席信息官许晨晔以及首席行政官陈一丹,四人是大学乃至高中同学,正是因为有着多年的同学关系,他们彼此之间非常了解。

1989年深圳大学的录取分数线非常高,许晨晔曾经回忆说,那一年只有能上清华和北大的学生才能够去深圳大学。如此高的分数线也意味着4个人均拥有很强的学习能力,而在一起学习的过程中,4个人奠定了良好的友情基础,相互之间关系甚密。

当然最终4个人能够聚在一起创业也有一定的偶然成分,最初他们4个人可没有想过要一起创业,生活和道路上似乎也没有任何的交集。

1993年,即将毕业的马化腾对未来有过很多憧憬,尽管很多师兄开始承担一些项目的制作工作,但是他对自己的能力并不自信,甚至做好了自己只能在街上摆个摊,做一些组装电脑的工作的打算。

在马化腾的眼中,赚钱并不是根本目的,他想要的是通过实践锻炼自己。后来他发现满大街都是组装电脑的小贩,于是打消了这个念头,只能背着公文包满世界找工作。马化腾后来回忆说,在他们几个人中他的学历最低。那一年其他人都去读研究生了，只有他选择了工作。

后来，马化腾进入润迅寻呼，在这里他可以发挥自己在学校中学到的知识，不断地写软件、编程，而当时他的工资是1100元。

3年后，张志东终于从华南理工大学毕业了，他们班除了他之外的其他10位同学都选择了当公务员，只有他愿意去企业工作。张志东选择了黎明公司，这是一家民营的软件公司。很多同学对此很费解，因为如果张志东愿意去黎明公司的话，本科毕业之后就可以去。张志东承认当时自己的想法很简单，他就是喜欢做一些与计算机有关的工作，最初他去给政府做一些系统工程，感觉这份工作非常有意思。

有一次，一个领导将张志东叫到办公室，起初他以为领导要请教他一些计算机的问题，谁知这位领导说："这个屏幕很占地方，你搬走吧。"这件事情让张志东受到了打击，此时他才真正意识到当时的中国计算机用户很少，而真正的网民更是少之又少，他的所有行为不能够创作价值，他只不过是获得了一点微薄的报酬而已。

一次偶然的机会，马化腾遇到了不得志的张志东。他回忆说，当时他在润迅做一个网络寻呼的项目，张志东还在黎明公司，润迅和黎明都是非常厉害的网络寻呼公司。两个人这次相见聊得非常投机。

有一天，马化腾到黎明公司的网站随便看了看，发现了一个漏洞，于是就黑了进去。很快张志东就发现了这件事情，他非常生气，知道这件事情肯定是马化腾干的，于是直接拨通了他的电话。之后两人约出来见面，在聊天的过程中，马化腾感觉到一旦互联网和通信结合起来就能产生巨大的价值，将不再是单纯的电信领域，也不再是计算机领域，两者的结合会是一个前所未有的尝试。而关于这个结合点，有很多的接口协议，只不过市场上没有人掌握罢了。马化腾认为，既然他们比别人知道得稍微多一些，那么他们就可以给一些企业、寻呼公司以及移动公司写软件。

马化腾和张志东越聊越投机，最终决定一起创业。之后曾李青、许晨晔、陈一丹逐渐加入到这个阵营中，而后他们成立了属于自己的公司，并且明晰了股份的占比。他们5个人总共凑了50万元。其中马化腾出资23.75万元，占有47.5的股份，是最大的股东。其他人分别是：张志东出资10万元，占有20%；曾李青出资6.25万元，占有12.5%；许晨晔和陈一丹各出资5万元，各占有5%的股份。

不过最初马化腾等人在一起并没有做即时通信，这是后来他们的项目。

在这个创业团队中，几个人虽然有很多相似的地方，但依然个性明显。张志东是一个技术天才，在上学的时候他经常和马化腾一起晨练，他说话的时候会稍稍带点微笑，可在讨论技术问题时就会显得非常亢奋。他们几个人的关系和苹果公司的两位史蒂夫有点类似。张志东是一个工作狂，除了工作之外几乎没有其他的爱好，工作之外唯一的活动就是下棋；许晨晔是一个非常随和的人，在每件事情上都有自己的观点，可他不愿意轻易表达，而他最大的爱好就是和别人聊天，并在聊天了解对方，同时获取足够的知识；陈一丹大学毕业之后就考取了律师资格证书，所以他是一个非常严谨的人，不过在工作中他同样富有激情，似乎随时都能激发出大家的热情。

而且，几位创始人都在大型企业工作过很多年，所以他们的这种工作经历为他们的成功奠定了基础。

有一年，马化腾带领自己的创业团队来到深圳大学，和同学们一起探讨未来。马化腾还讲了自己当年因为没有认真复习，最终考试考砸了，这件事情让他明白了任何时候都不能只靠小聪明，只有打好了基础才能获得成功。

从此之后他开始用最笨的方法学习编程，也就是前面提到的抄代码。当年马化腾的老师回忆说，他的成绩虽然机考差一些，但是笔试成绩还是很不错的。

马化腾并不认为每个人的成功只有创业这一条路，只要拥有一个能够发挥自己特长的舞台，那么梦想就可以实现。当初他之所以选择创业，主要还是因为没有适合自己发展的空间，索性自己打造一个出来。

即便是在今天，腾讯公司还是一个典型的工程师主导的企业，核心人物都是所谓的"宅男"，周末的时候他们更愿意呆在家里。陈一丹就表示自己特别享受家庭生活带来的快乐，除了工作、游泳和打高尔夫球之外，大部分时间他都会呆在家里陪家人。

正是因为有这样一群有相同梦想、有相同经历的人，一个互联网的奇迹才得以诞生。

第三章 / 毕业打工——怎么看都很普通的"小马"

大学毕业后的马化腾和大部分走出象牙塔的学子一样，背着公文包开始了自己的打工生涯。马化腾很荣幸地进入了当时中国很厉害的企业——润迅公司。在这里做工程师的日子里，他将自己在大学学到的知识应用到实践中，而且思维得到了充分的锻炼，他逐渐成为一个成熟的人。但是随着时代的发展，其所在的企业已经无法提供给他足够大的舞台，所以他决定走上另外一条路。

马化腾眼中的互联网世界

在马化腾的眼中，互联网时代是一个全新的、鼓励分享的时代，仅仅依靠单一的产品赢得用户的时代已经过去了，在这个全新的时代中，每个人需要做得更多才能够获得成功。在还没有开始创业的时候，马化腾就已经有了这个认识，他知道在这种全新的时代自己应该做些什么。虽然他知道一个人要成功并不一定要创业，但只有创业才能给予自己一个完全适合的发展空间。

马化腾在日后的采访中分享过两本书，一本是《未来是湿的》，一本是《认知盈余》。在他眼中，这两本书能够给人醍醐灌顶的感觉，而且这两本书一脉相承。

随着人们接触互联网的门槛变低，互联网的用户，也就是所谓的网民数量急剧增加，这些人会成为这个社会的主导者。而且随着时代的发展，互联网会更多地成为人们办公和生活的工具，这种趋势已经形成，所以所有互联网的从业者需要从中找到机会，从而实现自己的人生价值。

马化腾坚信互联网的时代是一个分享的时代，而《未来是湿的》作者克莱·舍基本就是一个坚定的分享主义者。

在任何时候，人们都有分享的欲望，互联网发展并进入人们的生活中，人们可以更加高效地完成工作，这使得人们有更多的时间去享受工作之外的时间，这就为分享奠定了时间的基础。而互联网的门槛也在逐渐降低，无论是设备还是其他通信的成本都在降低，互联网已经不是少数精英的专有，昔日王谢堂前燕，飞入寻常百姓家，互联网已经犹如水电一样，成为人们生活的必需品，这就为分享提供了刚性的需求。

随着门槛的降低及互联网整体势头的发展，互联网的用户呈现井喷式增长，越来越多的人开始使用电脑连接互联网，网民和现实生活中的人合二为一，每个人几乎都成了网民，网络世界和现实生活已经趋于融合。而互联网的时代也是个讲究速度的时代，在这个行业里，有一家企业今天盈利喜人，事业也风生水起，但很有可能到了明天就会被潮流的风险甩出几条街。所以，马化腾认为所有互联网时代的弄潮儿都需要有更远一点的眼光，更快一步的步伐。也正是因为这个，马化腾最终选择结束自己打工的生涯，开始创业。

在很长一段时间里，别人眼中的网络是一种精英才能够享用的新兴工具，是一种让普通用户接触精英文化的便捷工具，互联网成为内容的传递者而不是生产者。但是随着网络的演变和发展，每个人都成为内容的生产者，互联网是当今社会形态的一种元素，其不断地给社会提供和传输着新的内容，同时也在不断地制造着话题。

现在可能很多人都能够轻松地理解互联网的分享作用，但是在那个时代，能认识到这一点的人并不多。互联网对人们生活的改变是显而易见的，人们的知识背景不断提高、所拥有的自由支配时间不断增加，这些其实都是互联网的功劳。在国内，互联网的作用更加不可小觑。人们越来越喜欢分享，而这种人群越聚越多，互联网的产业也就会随之发生变化。马化腾早早就意识到了这一点，而之前人们所熟知的商业模式逐渐开始落伍，互联网时代是一个强大的时代，互联网时代是一个革命的时代。

显然在这一点上，马化腾的思维是超前的，他在打工的时候就已经看到了这种趋势，看到了这种革命的力量，所以他毅然决定放弃一切重新开始。

马化腾意识到一个全新的时代即将到来，而这个时代是鼓励分享以及平台崛起的时代。在新的时代里，人们更应该放下所有依靠单一产品赢得天下的包袱，轻装前行。如何打造一个供用户自由选择的平台？这才是想从事互联网事业的人应该思考的问题。毕竟，在互联网的世界中，用户才是时代的主宰者，才是分享的提供者，每一块知识的贡献、每一部分内容的分享都仰仗于这些人。

互联网是个神奇的东西，马化腾则是在这种神奇中创造奇迹的人，虽然他在打工时展现出的是一种非常普通的状态，但是他普通的外表下掩藏着一种卓越的气质，这种气质逐渐引领他和他的团队走向成功和卓越。

打工时练就的互联网思维

从社会发展的维度上看，互联网的发展其实时间并不算长，可以说是一个全新的事物。大学毕业之后的马化腾开始进入企业工作，但他始终没有放弃自己关于互联网的梦想，他对于互联网有自己独特的理解。

任何新鲜事物的出现都会面临很大的阻力，同时也会引起很多关注。如果这种新事物没有持续下去，那么在风靡一时之后，当人们丧失了新鲜感，其就逐渐失去了市场。但是互联网行业的发展持续了下来，而且一直处于上升趋势。

当时马化腾很超前地强调了互联网用户的重要性，虽然其在创业初期去银行贷款时无法用QQ的注册数来贷款，但是在他的眼里，这种注册数才是他前进最为坚实的基础。通过这些注册QQ，马化腾就可以轻松接触到用户，而手中有了这么一堆用户，推广任何产品都会变成可能。马化腾当年的思维和雷军推广小米有异曲同工之妙，这其实是最为普通的渠道，也是成本最低的渠道，但是这一点显然在当年没有引起人们的注意。

另外，马化腾在打工期间更加熟悉和领悟了"垄断"这个词语，显然这是一个让人苦恼的词语。其实在互联网这种高速发展的行业中，真正的垄断是很难的，比如当微软出现的时候，其似乎统领了整个IT行业，但之后还是出现了影响人们生活的Google，还有EBAY。就当人们认为Google将会一家独大时，Facebook异军突起。而因为种种原因，Facebook无法真正意义上地进入中国市场，新浪微博开始在国内崛起……

互联网是更新换代很快的时代，产业在不断变革，真正意义上的垄断根本不存在。所以任何规模的互联网公司均存在风险，其无法做到高枕无忧，任何互联网企业都需要时刻保持警醒。或许正是在打工的这段时间里，马化腾了解到互联网行业根本做不到垄断，同时也明白了互联网的"快"，在这个行业中，不"快"什么都做不了。

在马化腾还没有开始创业的时代，百度、阿里巴巴也并没有今天的规模，他们之所以最终能够成功，正是因为他们懂得了所谓的互联网思维，并以这种思路和模式打造着属于自己的王朝。

马化腾知道，虽然互联网是一个独立存在的产业，但其也需要融入到传统行业中，正是因为互联网的介入，产业链的上游才会变得越来越重要。马化腾最初并不仅仅是想打造一个优秀的产品，更想努力打造产业链的价值源头，他渴望拥有更好的产品、服务以及更优秀的应用。

产品经济束缚着人，而互联网经济则逐渐开始解放人，在这个时代里每一个人都会成为价值的贡献者，只不过是大小的问题。人们可以在贡献中获利，当人们的价值得以释放，产业的升级就自然而然了，一个相对稳定的社会结构也就会建立。

但对于互联网的未来，马化腾做到了十足的理解，同时也充满了信心，互联网将会是一次全新的革命。虽然最初马化腾只是凭借着一腔热血在做事，但这种热血是对未来的了解，是一种执着的精神。未来，往往难以预知，用马化腾自己的评价，这种行为有点像"瞎子摸象"。

马化腾在创业初期见识了一些企业的起起伏伏，一份收入稳定、看得到所谓前途的工作也许是一个不错的选择，但他还是坚持选择创业。他知道创业必然会出现纷争和风波，但是坚持下去，这种纷争、风波甚至磨难都会被战胜，因为他知道自己摸到了这个时代的命脉。

创业之前的马化腾听到过很多忠告、批评甚至指责，但是他全然不顾这些，还是决定做一个属于自己的自己，作出一个互联网的奇迹。

要想做到这些谈何容易，互联网的奇迹不是一个口号，更不是一个简单的概念，这不是一件简单的事情，要做就需要付出很多很多。虽然当时他的力量和能量还没有达到能够创造一个奇迹的水平，但是这些都没有成为阻碍马化腾的理由。

从此和互联网有个约会

马化腾早在还没有毕业的时候，就开始筹划创业的事情了。最开始他的想法是，凭借自己的专业知识以及年轻人的激情，开办一家计算机的组装店。但是本书中介绍过，当时这种行业已经趋于饱和，光凭借知识和创业激情根本不能形成强大的竞争力。在经过一段时间的思考之后，做事谨慎的马化腾决定放弃这个想法，开始制订一份详细的计划。

马化腾明白创业并不是一件简单的事情，要想成功需要经历太多、太多的艰难险阻，这本就是一个任重道远的过程。所以，大学毕业后的他并没有着急创业，而是开始了一段打工生涯，他需要从工作中积累足够的经验和能力，象牙塔中走出的大学生毕竟没有经历过社会的洗礼。

在润迅工作的那段时间，马化腾却没有因为工作而放弃自己对互联网的热爱，反而在工作中不断提高自己的专业能力，和对互联网的理解。在润迅工作的这段时间，马化腾经常帮助朋友的公司解决一些网络方面的问题，逐渐在这个行业中成了一个小名人，他的专业程度得到了大家的认可。

马化腾在润迅工作的第三年，也就是 1995 年开始正式接触互联网，凭借着惠多网（FidoNet，其诞生于 1984 年的美国，和现实意义上的互联网有一定区别）的积累，他逐渐真正明白了什么是互联网。之后他成立了惠多网深圳分站，这段时间成为马化腾的又一个转折点，这段经历为他日后的发展起到了不小的作用。而且当时承担惠多网分站站长工作的大多是日后互联网赫赫有名的人物，马化腾的专业水准也在这段时间迅速提升。

马化腾的英文名是pony，所以惠多网深圳分站的名字就是ponysoft。在此之前的1992年，罗依在北京建立了长城站，黄耀浩在汕头也建立了手拉手网，这是中国最早的BBS交换系统。而几乎是在马化腾成为深圳站长的同时，求伯君成为惠多网珠海西点的站长、王峻涛成为福州站的站长。

马化腾在担任站长的这段日子里，工作非常认真，想尽办法提高深圳站的知名度。也正是因为马化腾的不断努力，深圳站终于取得了一定的成绩，很长一段时间里在圈内的知名度和认可度都非常高，而马化腾本人也逐渐从后台走向了前台，成为大家眼中的"马站"。

那个时候的BBS还没有成形的获利模式，纯粹就是年轻人实现梦想和交流梦想的平台。在这里大家可以沟通技术方面的问题，也可以就自己的生活畅所欲言，无所不谈。在这里，全国各地有相同爱好的青年能够聚在一起，一同享受这种轻松和自由的环境，无论是忧伤也好，快乐也罢，年轻人都能够在这里找到志同道合的人。这里为日后中国互联网的精英们提供了一个平台，他们在这里享受到了孩童般的欣喜，也在这里成长。

对于马化腾来说，这段经历是非常宝贵的人生财富，即便是在事业有成之后，每当回忆起这段经历，他都津津乐道，认为当时的生活不仅给予了他足够的快乐和享受，而且为他日后的创业提供了很多灵感，那是一段美妙的时光，他感谢那段时间的存在。

而在这段时间里，马化腾也不是一个人战斗，他得到了家人的帮助。那个年代安装一部电话机的费用是4000元左右，而马化腾每个月的工资只有

1100元，而且那个年代安装电话机是一个很复杂的过程，远不像现在这么简单。好在马化腾的姐姐就在电信局工作，他最终以半价的优惠安装了4部电话机，退休的母亲则在家里为他义务维护系统，这使得马化腾有了充足的时间去做其他事情。

有一阵子，马化腾真的希望自己有三头六臂，他每天不但要去润迅公司工作，而且需要将很大一部分精力放在惠多网深圳站的建设上。这一年是忙碌的一年，但同时也是非常充实的一年。或许每个人都是这样的，人生本就像茶一样，总要苦一阵的，一旦苦过去了，甘就会来。

也正是因为惠多网，马化腾在这里接触到全国最优秀的互联网人才，了解到真正意义上的互联网，开始对互联网形成鲜明的认识，同时接触到了最终改变他一生的ICQ软件。

马化腾认为ICQ是一个神奇的软件，第一次接触之后就无法忘却，这和他设想中的IM工具基本吻合。他认为互联网是一个广阔的天地，而中国的互联网才刚刚起步，这种工具将会在这块天地中发挥重要的作用，此时他已经有了发展即时通信工具的想法。

而就在马化腾思考的这段时间里，中国的互联网正在悄悄而又剧烈地发生着变化，这种变化是历史性的。1995年，中国互联网先驱王志东先生前往华尔街，中国的互联网和全世界开始接轨，中国的互联网业已经不是自娱自乐的地带，开始和世界有了接触。

虽然马化腾的目光还没有顾及到全世界，但是在这段时间里他并没有停止自己的步伐，而是利用自己的业余时间研发出一款完全属于自己的科技产品，也就是在本书中介绍过的股霸。这是一款能够观看股票走势的电子设备，对于当时的股民来说可是非常先进的产品。而这款产品一经推出就得到了大家的认可和追捧，马化腾在这个过程中也积累了一定的物质财富。

无论如何，这个时候的马化腾已经真正具有了对互联网的理解，他的创业也有了可能，他的人生即将发生改变。

寻找适合自己的发展空间

互联网在世界经济上有所举动还是1995年的事情。这一年的8月9日，网景公司在纳斯达克上市。虽然网景公司仅仅是一个成立两年的年轻公司，但其所特有的魅力已经散发出来。网景公司的股票一路上升，从发行时的每股28美元，一路涨到71美元，即便经历了大风大浪的纳斯达克也为此而沸腾，网络经济已经逐渐进入实体市场。

网景公司的上市本就是一个历史性时刻，同时也是全球网络经济的里程碑，从这一天开始，全世界所有人认识到了网络的重要性，互联网企业也随之水涨船高，有了起势。

1994年4月20日，中国开始了自己的互联网历史，国家计委利用国际专线开通了和世界互联网的连接，从此刻起中国的互联网进入商业化时代。虽然刚开始中国互联网的商业化并不是很顺畅，但这丝毫没有影响到中国第一批互联网精英的出现。当时网络之间的访问主要通过长途电话，显然这是一种非常奢侈的消费，所以当时能够接触和应用互联网的人并不是很多，也就区区10万人。

1995年，中国第一家互联网服务公司出现，是张树新创办的瀛海威。这家公司在北京中关村享有盛名，当时大多数人还不了解互联网，但瀛海威已经开始提供上网方面的服务。不过当时电信处于垄断地位，瀛海威租用着对方的网络，同时展开和对方的竞争。和一个又是裁判，又是参赛者的对手进行竞争，最终只能失败。瀛海威很快败下阵来，也就一年的时间就被收购，而第二年杨树新也宣布辞职。瀛海威就这样走到了终点，成为中国互联网人第一个冰冷的里程碑。

而瀛海威不过是中国那个特殊年代的一个代表而已，在当时有一批民营企业摔倒在这里。瀛海威的失败侧面给了很多人启示，随之网易、四通利方论坛（新浪）、搜狐等网络公司逐渐进入人们的视野，中国的互联网事业又一次开始起步。不过不得不承认的，这些互联网企业最初的发展带有一定的偶然性。

当时电信部门并没有在意互联网行业的发展，文化部门也没有重视互联网行业，整个时代似乎都将主要精力放在钢材和进出口等行业上。对于互联网，很多人都没有足够的认识，在人们的眼中互联网就是小打小闹，互联网的投资更是一个烧钱的行为，是在饮鸩止渴。

事实上的确是这样的。很长时间里，中国互联网都只是一批年轻人的兴趣和爱好。

不过，就是这批年轻人的积极行为吸引了国外投资者的目光，这些投资者带来了一定的资金，这些资金保证了中国互联网企业没有过早地进入寒冬。

1996年4月12日，杨致远和几位好朋友一起创办了雅虎公司，网站上线不久就有了5000万注册用户，仅商业广告一项收入就达到每年4亿美元。雅虎股票的股指是13美元，但一开盘就报价到了25美元，上市当天就猛涨4倍。到1998年初，雅虎的股票价格已经上升到110美元，其成为不折不扣的世界500强企业。

1998年，马化腾在思考如何将互联网引入他所熟悉的传呼领域。那个时候已经出现了移动电话,也就是手机,这对传统的传呼行业有着致命的打击,当年润迅的主要收益就来源于传呼。手机以及短信的普及使得传统传呼行业已经开始走向灭亡,传呼行业如果不求变的话,将真正走向灭亡。马化腾最初的想法是延缓传呼行业衰老的速度,可惜他的这些想法并没有得到润迅公司的认可和采纳。

也就在这个时候,马化腾接触到了ICQ。

1998年,美国在线公司收购了ICQ,马化腾开始研究ICQ。他受到IM模式的启发,想让其和传统的传呼产品相结合,这就是即时通信的一个雏形。

所谓的IM,就是Instant Messenger的简称,翻译成中文便是实时信息,是指能够实时发送和接收互联网信息的网络业务,是最早的互联网交流方式之一。从1998年到现在,IM已经发展成为集众多功能于一身的综合信息平台,其中包括电子邮件、网络视频、博客、游戏、信息和电子商务等等。

ICQ是英文I seek you的简称,可以说是世界上第一款IM软件,其由3名以色列人研究和开发。和很多伟大的发明一样,最初这3名以色列人研究这款软件的目的并不是为了商业,仅仅是为了相互传递信息方便。没想到研究成功之后,这款软件得到很多人的青睐,之后他们就注册了一家公司,在1996年推出了ICQ的第一个版本,而仅仅半年时间这款软件的注册用户就超过了85万。在此之后,雅虎、美国在线以及微软相继推出类似的产品。

马化腾对ICQ有着浓厚的兴趣,他在经过一番了解之后,向润迅公司推荐了类似的产品。但是润迅公司的高层并没有重视这个提案,在他们的眼中,传统的传呼行业还是有市场的,整个行业也还不是夕阳产业。不仅润迅公司,大部分企业都没有认识到互联网的快速发展,尤其是很多中国传统行业的工作人员一时之间无法适应这种发展,也忽视了互联网的重要性。而传呼行业似乎刚刚看到了辉煌,就被逼入了绝境,这也使得很多从业者丧失了基本的洞察能力,从而导致整个行业对市场的误判。

2000年,传呼业进入冰点,很多企业都没有做好准备,短短的两年时间里,大批传呼企业倒闭,财大气粗的润迅也只能放弃了他们的传呼业务,将一部分客户资源出售给中国联通。

在传呼业出现颓势的同时,互联网正在以一种高歌猛进的状态杀入市场。1998年,微软公司发布了著名的windows98操作系统,其具有非常稳定的性能,同时操作也非常便捷,宣告其正式冲击互联网市场。美国互联网行业狼烟四起,为了抢夺市场份额他们展开了一场没有硝烟的战争,美国在线和雅虎之间的竞争非常激烈,而微软、NETSCAPE、LY-COS,包括EXCITE全都进入竞争状态,一场互联网的大戏拉离开了序幕。

而与此同时,中国这个庞大的市场也逐渐卷入这场互联网大戏之中,中国的本土互联网企业开始向门户类网站靠近,包括搜狐、网易以及四通利方在线。虽然在当时网民利用互联网更多地还是收发邮件,其他的功能还很少开始尝试,但这并未阻止这些互联网企业走向代表未来趋势的门户类网站的步伐。随着这些网站的转型,新闻和论坛这些新鲜的东西开始进入人们的视野。

上网开始成为一种时尚的行为,中国的网民数字也在不断攀升,很快就突破了200万大关。

马化腾一直关注着互联网的动态,所有的变化都进入了他的视野,他开始从这些变化中寻求规律和发展的契机。马化腾也逐渐在这种市场良性竞争中看清了市场形势,逐渐明确了自己创业的目的。在他的眼中,互联网就是一股巨大的潮流,而且其日后必将掀起一场大变革,所以他决定不再犹豫了,果断地提出了辞职。

离开润迅之后，他开始着手筹划着自己的创业。

而在马化腾创业准备阶段，互联网的变动丝毫没有停止。

1998年2月，丁磊出于资金等方面的考虑，最终将网易的免费邮箱以及163.net的域名以120万元出售给了飞华网络。

1998年4月22日，一笔多达200万美元的风险投资进入搜狐网的账户，之后网易融资1000万美元，而新浪的融资则达到了9000万美元，中国的互联网随着整个大趋势进入一个门户网站竞争的时代。此时的互联网行业，不仅相互之间竞争，还和传统行业展开竞争，传统的新闻传播行业和互联网展开了最为持久的拉锯战。不过政府方面更倾向于让中国的门户网站趋于本土化，这从某种意义上促进了中国互联网企业的发展，一些门户网站因此得以顺利上市，中国互联网的发展看到了曙光。

那个时候，北京几乎每天都有互联网公司注册，而一大批基于互联网的业务随之产生，免费邮箱、论坛、电子书等等，进入了普通大众的视野，成为人们生活的一部分。

显然，这些变化一步步触动着准备创业的马化腾。此时他却陷入了苦恼之中，之前他只有一个概念化的想法，就是将互联网和传呼业相连接，对于怎么操作以及开发怎样的产品则完全没有具体蓝图。那个时候的马化腾是迷茫的，虽然整个大环境非常不错，但是对于想要创业的他来说，信心是有的，但前途是迷茫的。

在深思熟虑之后，马化腾逐步明确了自己的大方向，他利用自己在传呼业上的经验，准备将之与IM行业结合，从而找到市场的突破口。马化腾自认为并非一个商业天才，只是一个产品经理，甚至是一个书呆子，所以他要做的不是商业性的公司，而是一个为网民做技术服务的公司。他不懂得出售商品，这一点让他不能融入到传统商业中去，却在无形中和互联网行业有了契合点。基于对自己技术能力的自信，他对未来充满了信心，毕竟他的股霸曾经风靡一时。

这个时候马化腾需要一个帮手，他想到了好友张志东，在经过一番交流之后，张志东和马化腾站到了一起。张志东是一个雷厉风行的人，他果断地辞掉了自己的工作，选择和马化腾一起创业。之后他们又去联系了陈一丹和许晨晔，虽然二人没有立即辞掉工作，但是他们都认可马化腾的观点，对他们所做的事情也充满了信心，他们利用业余时间和马化腾一起工作。

经营一家公司，一个人肯定是不行的，一个好汉三个帮，虽然马化腾对自己的技术和产品非常有信心，也很看好市场前景，但是没有一个优秀的团队也是无法运行下去的。那个时候公司才刚刚成立，在薪酬方面根本没有办法保证，但是凭借着对梦想的执着，他们并肩战斗。之后腾讯公司还拥有了好几名优秀的员工，他们都放弃了不错的工作选择腾讯公司，他们的加入让马化腾如虎添翼。

而腾讯公司成立之后面临的最严峻的问题就是没有销售人才，马化腾、张志东和许晨晔都是技术型人才，而陈一丹学的是法律。一个没有销售人才的公司是不够健全的，销售人才在任何公司都是非常重要的组成部分。

直到后来一次偶然的机会，腾讯公司才拥有了自己的销售人才。

有一次，马化腾和深圳数据通信局局长许文艳见面，当他提到自己的困惑时，许文艳为他推荐了一个不错的人。此人对互联网和电信方面的业务非常熟悉，而且在这两方面都有自己的人脉，这个人马化腾也认识。之后这位优秀的销售人才成了腾讯公司的第五位创始人，他在1999年到2007年的8

年间担任腾讯公司的首席运营官，虽然之后因为种种原因离开了腾讯，但是他享有腾讯公司终身荣誉顾问的身份，他就是曾李青。

就这样，腾讯公司开始起步了。

不管是从产品、团队打造，还是从市场的分析和把控方面，腾讯公司都具备了闯荡和追寻梦想的资格。

从打工到创业或许只有一步

1993年在中国互联网历史中注定是不平凡的一年。

这一年,有两个改变和推动了中国互联网事业发展的人物从校园走了出来,开始迈向社会。很难说是历史的洪流选择了他们,还是社会的需求造就了他们,总之在这一年,这些特殊的人出现了,开始演绎各自传奇的故事。

当时的中关村电子一条街已经初具规模,那是PC机从386迈向486的年代,当时电脑的标准配置是40M,虽然现在听起来有些不可思议,但是在当时已算是走向了前端。在那一排平房的电子一条街上,联想代理的是美国AST电脑,火爆的销售场景让所有人都看着眼红。康柏也正在寻找机会进入中国市场,虽然这两个品牌最后的发展有所不同,但在那个时代他们就是电脑的代名词。与此同时,方正和华光的电子照排系统也开始抢占市场的份额。史玉柱是那个时代的弄潮儿,当时人们根本就没有杀毒软件的概念,是史玉柱改变了这一现状,汉卡防毒风靡一时。而晓军123中文系统同时也开始迈向市场,得到了广大用户的好评。这一切似乎标志着中国的IT市场有了蓬勃发展的迹象,一些了不起的人和企业开始崭露头角。

1993年看着很平淡:网易创始人丁磊从电子科技大学毕业、马化腾刚迈出深圳大学计算机系、新浪网的前身四通利方公司成立、张朝阳刚刚从麻省理工大学毕业、李彦宏还在美国读书、杨致远的雅虎也不过处于萌芽状态……

这一年似乎非常平淡。在如今的这些互联网界巨头中，马云更只是西湖边一个和互联网没有任何关系的英文老师。

1993年马化腾也进入润迅公司，他从那时起拥有了自己对市场的看法，他说："许多软件技术人员往往对自己的智力非常自信，写软件只是互相攀比的一种方式，而我已希望自己写出的东西被更多的人应用，也愿意扮演一个将技术推向市场的小角色。"他明白开发的任何软件都要有实际意义，而不是软件工程师的自娱自乐。

马化腾坚信自己写的东西一定能够卖钱，一个适应市场的产品怎么可能没有市场呢？正是股霸卡使得马化腾在圈内小有名气，与此同时，他也完成了自己创业的原始积累。

1994年马化腾选择步入股市，他将10万元翻炒好几倍，这些资产为他日后创业打下了坚实的基础，而在这一年杨致远创办了雅虎，中国的互联网似乎孕育着一场大革命。

早在Internet普及之前，很多网民都是通过惠多网体会网络的便利和乐趣，马化腾就是这一群时代先锋中的一员。

就在享受惠多网半年之后的1995年2月，马化腾投入5万元在自己的家中连接了4根电话线，添置了8台电脑，做起了惠多网深圳站的站长。在很长一段时间里马站长的人气非常高，当时丁磊以及求伯君都时常泡在BBS上，丁磊那个时候已经来到了广州。马化腾在后来说道："那个时候我只是一个打工仔，对于理想完全没有想法，正是丁磊之后的成功给予了我一定的启发，我就想只要坚持去做就没有做不成的事情。"

正如马化腾所说，是丁磊的创业给了他很多启发。

1997年5月，丁磊创办了网易公司。而在5个月之后，王志东他们拿到了650万美元的风险投资，要知道这可是中国互联网企业第一次拿到风险投资，这宣告着这个行业正式进入风投专家的眼中，这是一个时代的开始。之后，1998年更为特殊：2月，张朝阳成立了搜狐；10月，周鸿祎成立了3721；之后，腾讯和新浪网相继成立。

从此刻开始，马化腾结束了自己打工的时代，拉开了创业的序幕，在这样的大环境中，腾讯面临的是机遇，同时也是挑战。

那个时候，虽然马化腾创业没有得到母亲的同意，但他还是拿着母亲的退休证明去注册了公司。当时深圳规定法人必须是待业或者退休的身份，而这位法人却从来没有去过公司，她在家里帮助儿子整理财务报表。马化腾提起自己的创业，对家人的感谢溢于言表。

当然，马化腾想要感谢的人很多，那些一直陪伴着他前进的人固然重要，但是在小事情上帮过忙的人同样值得他感谢。马化腾是一个懂得感恩的人，他对这些帮助过他的人永远心存感激之情。

卷二 创业篇

——看鲤鱼如何跳龙门

第四章 / 时来运至——走运但不指望永远走运

> 马化腾和几位好友一起成立了腾讯公司,并很快推出了属于自己的产品——OICQ,虽然这款产品只是对国际产品 ICQ 的模仿,但是整个腾讯团队非常兴奋,因为正是这款产品的出现宣告腾讯公司开始了自己的历史。不过好景不长,因为资金等等原因,腾讯公司在创业的道路上遇到了一些麻烦……

从这一刻起世界将多了只"企鹅"

1998 年 10 月,马化腾彻底辞职,成为一个"无业游民"。这一年的马化腾只有 27 岁,虽然没有创业的经历,但是多年的职场经验已经让这个年轻人看起来非常成熟。或许马化腾还欠缺一些人生经验,但是他依旧充满着信心,因为他有充足的时间去学习,况且他满怀理想。或许这个时候唯一支撑马化腾的,就是他那执着的梦想。

有一天,马化腾来到一家小咖啡厅,要了一杯咖啡慢慢地喝着。他选的是一个靠窗的座位,在这里能够看到马路上来来往往的人,他在等一个人,一个对他来说很重要的人，他们拥有相同的梦想和相同的执着精神。

少顷，这个人来了。

张志东。

张志东如约来到咖啡厅，两人的谈话很顺畅，虽然此时两人都对未来充满迷茫，但更多的却是自信和兴奋。

如果想创办一家公司，首先要为其取一个名字。马化腾和张志东都是技术出身，对于取名字这种文科生的工作显得有些束手无策，虽然取了很多名字，但没有一个像样的。最后他们想到了马化腾的父亲马陈术，马陈术是一个阅历丰富的老人，他在思考了很久之后，给了他们4个方案，其中一个就是"腾讯"。不过马化腾认为"腾讯"这个名字不具有创意，他将4个方案排了名，最后一个才是腾讯。而他们去注册公司时，发现其他三个都已经被注册了，他们只能注册"腾讯"。

尽管马化腾不是很喜欢"腾讯"这个名字，但是马陈术有自己的理由：这个名字中有马化腾的"腾"字，他还希望这家公司能够如"万马奔腾"般发展；而选择"讯"，一方面是对马化腾上家企业"润迅"的致敬，另外也紧跟了当时的潮流，当时很多互联网公司的名字中都有一个"讯"字。腾讯公司的英文名是tencent，这个英文名字则是马化腾自己想出来的。

1998年11月11日，深圳腾讯计算机系统有限公司在深圳注册成功，那个时候马化腾自己都不敢想，正是这个公司改变了中国人几千年的沟通方式。

马陈术在企业中工作了很多年，对于企业的运营非常熟悉，在腾讯开办初期，他起着至关重要的作用。他多年的企业管理经验，成为早期腾讯公司一道有力的保障。

下面来看一件趣事。

马陈术当年有一辆价值20多万的奔驰，而腾讯公司注册资金也不过50万元，马陈术经常开着他的奔驰来为腾讯管理财务，这位兼职财务负责人的座驾居然和这家公司的市值在一个档次上。

在前文中已经提到，黄慧卿是腾讯公司名义上的法人，她的股份最大，所以她也成了腾讯公司的第一任董事长。一直到1999年腾讯获得了第一笔风险投资之后，黄慧卿才将自己名下名义上的股份转给了马化腾。

腾讯公司成立之后，马化腾立即对公司的几位创始人进行了分工，他知道只有职责明确，日后才不会出乱子。关于股份的划分，马化腾更是做了非常精心的规划，他坚持认为股票的持有比例一定要和在公司起到的作用相匹配，要不然日后肯定会有矛盾，一旦一家公司的内部出了问题，就不要说以后的发展了。虽然当时有人提出了不同的意见，希望能够按照出资份额占有股份，但是马化腾始终不同意，坚持自己的股份要降到50%以下，这样就避免了自己一人独大的局面，杜绝了独裁情况。不过他的股份还是最高的，毕竟公司需要一个主事的人。最终，大家一致协商确定：马化腾的股份为47.5%；张志东的是20%；曾李青的是12.5%；陈一丹的是10%；许晨晔的也是10%。

这样的分配方案算得上最优，马化腾不仅思考了如上问题，还将几位创始人的性格、工作内容等均考虑在内。马化腾不是职业经理人，但是他坚信股份的占有率是影响公司发展很重要的因素。

腾讯公司的创业团队不断磨合，一艘巨大的互联网航母正在起航。

腾讯公司的创业团队

虽然前文以及后文中都介绍了腾讯团队的几位创始人，但在这一节将专门介绍这几位创始人。通过了解他们的故事和性格，我们或许能够看到一些腾讯公司成功的必然性。拥有这样几位有共同理想，且能力出众的人，腾讯公司怎么可能不成功呢？

腾讯公司拥有一个稳定而强大的创业团队。其中马化腾是首席执行官（CEO）、张志东是首席技术官（CTO）、曾李青是首席运营官（COO）、许晨晔是首席信息官（CIO）、陈一丹是首席行政官（CAO），据说他们5个人的QQ号码分别是10001、10002、10003、10004和10005。其实在腾讯公司成立之初，马化腾就确定了每个人的占股和职责，而且表示公司实行"各展所长，各管一摊"的原则，其他人不能插手对方的工作。

就算是发展到2005年，腾讯公司的这支创业团队还没有改变，一直到腾讯公司成为一艘巨大的"航母"，才有人选择功成身退。显然，这样的创业团队在中国企业界很少遇到。

很多人认为企业在迅速发展和壮大的过程中，创始人之间的关系最难处理，想要持续稳定地发展很难。腾讯公司的创业团队能够一直走下去，和马化腾最初所划分的合理框架密不可分，当然还基于他们共同追求的梦想。

马化腾认为腾讯的创业团队之所以能够保持这么久的良性发展关系，是因为团队之间的合理组合。

马化腾是一个聪明且固执的人，在产品上他特别追求用户体验，更希望从一个普通用户的角度去认识产品；张志东是一个思维活跃的技术狂人，沉迷于各种技术之中。马化腾也很擅长技术，能够将产品简单化，而张志东则能够完美化，所以两人在产品上的合作非常愉快。

马化腾、张志东和许晨晔都是深圳大学计算机系的同学，许晨晔非常随和，但做任何事情都有自己的主意。陈一丹和马化腾在深圳中学时就是同学，后来也在深圳大学读书，他做事情非常严谨，在个性方面却很张扬，往往是激发大家斗志的那个人。

曾李青和其他几位创始人没有共同学习的经历，他是一个开放和富有激情的人，显然在这一点上和其他几个人有很大的不同，他要比其他人更具有攻击性，不过在工作的过程中他却表现得很理性。后来曾李青第一个脱离这个团队，选择了自己创业。

在本书中介绍过，腾讯公司成立不久，马化腾就划分了每个人占有的股份，且认为股份要和未来的潜力相匹配。事实证明，马化腾的这种做法是正确的，因为在一个团队中，如果能力强的、做事情多的人不能占有大部分的股份，反而是不做事情的人占有大部分股份，最终会导致矛盾出现。

之后，虽然腾讯公司几位创始人的股份随着风险投资的介入被稀释了很多，但是在香港上市之后他们都成了身家数十亿人民币的大富豪。

中国很多民营企业在创业初期都展现了强大的实力，可获得一定的财富之后，团队内部就会出现矛盾。但这种矛盾并没有出现在腾讯公司。可以说，在民营企业家中能够像马化腾这样，将不同性格的人组合成一个团队，选择包容和拉拢两者结合的方式，最终打造一个强大的团队，是很少见的。当腾讯公司的业务得到拓展，整个企业开始长足进步时，几位创始人之间始终没有爆发矛盾，他们依旧保持默契的合作关系。

这一切都源于马化腾懂得如何划分一个团队的责、权和利。

在腾讯公司的创业团队中，张志东是一个技术天才，做事情非常低调，即便是腾讯公司到了今天这种规模，他还会埋头写代码，更是很少出现在公众场合。

上大学的时候，在整个深圳大学都找不到比张志东技术更优秀的人，平常张志东也没有什么爱好，除了工作外最喜欢的就是下象棋。张志东身高不高，说话的时候总是带着微笑，但是谈到技术就变得很偏执，有时甚至会和别人争得面红耳赤。

张志东通过技术得到了人们足够的尊重，就算是对手也非常尊重他。QQ的架构是在1998年设计的，现在16年过去了，用户数量从之前的百万级别增长到了亿级别，可是整个架构还能够适用，这简直是不可思议的事情。不仅腾讯QQ的架构，就算之后腾讯公司的其他产品的架构大部分也出自张志东之手，其对微信的架构也作出重大的贡献。

张志东在物质方面的追求很低，腾讯公司成功之后，其拥有数十亿级别的身价。其他创始人纷纷在澳洲买别墅、开游艇，他却始终不为所动。腾讯高管们团购宝马的时候，他还是选择使用那辆只有20多万的中档车。

张志东根本不需要通过这些来彰显自己的实力，他是腾讯公司第二大股东，在公司上市之初其拥有超过6%的股份，按照当时公司的最高市值1200亿港币计算，在理论上张志东有70亿港币的身价。

张志东在腾讯公司内部主要负责集团专有技术的开发，其中包括即时通信平台和大型网上应用系统的开发。张志东不仅在技术方面做得很优秀，在培育接班人方面做得同样优秀。

而今腾讯公司看重微信的发展，准备以微信为基础，整合大众点评和京东商城，大力抢夺O2O市场，限制阿里巴巴一家独大。张志东的接班人之一，微信的负责人张小龙开始出现在人们的视野中。

在大型网上应用系统开发方面，张志东同样拥有强劲的接班人，他就是1998年毕业于中国科学技术大学计算机科学与技术系的卢山。卢山在2000年加入腾讯公司，先后担任过即时通信产品部总经理、平台研发系统副总裁、运营平台系统高级副总裁，现在是技术工程事业群总裁、集团高级执行副总裁，负责技术及运营平台的搭建等管理工作。

无疑，张小龙和卢山都是这个时代技术方面的佼佼者，也逐渐在腾讯公司内部展现出足够的实力。

曾李青在市场上绝对是一位角色。根据林军《沸腾十五年》中的记载，很多腾讯员工都认为曾李青是核心领导层中最为开放和具有激情的人，而且具有很强的感召力。

根据腾讯公司内部编号为18的李华回忆，他第一次见到马化腾时，感觉非常吃惊，因为这个老板更像自己大学时的学长，而不像一个商人。在他的眼里，曾李青更像是一个企业家，但后来他才知道虽然张志东和曾李青都是老板，但是真正的大BOSS是那位长得像学长的马化腾。

如果只是看外表的话，曾李青的确更像一个老板。虽然他和马化腾在身高上差不多，但是曾李青显得非常富态，在穿衣服上也更加商务一些，无论是从语言表达能力还是人际沟通方面显然要更成熟一些，这些都符合国人对大老板的认识。在很多次对外商务活动中，马化腾经常会被认为是公司的运营助理或秘书，因为他就是一脸的书生气，而曾李青往往被认为是公司的老板。当然这只是外表的问题，显然在公司整体运营上马化腾要强很多了。

当然，曾李青也是深圳市互联网的开拓人物之一，是深圳乃至全国第一个宽带小区的推动者。这是一个系统集成的项目，需要购买设备，然后增加价格之后出售给地产商。不过曾李青的这个项目差点夭折，当时电信设备提供商要的价格和地产商能够承受的价格都是120万，这让曾李青很着急，不过最终他还是完成了这个项目。曾李青将财务、行政和采购等同事叫到一起，然后给大家算账，他说："我们跟设备提供商签订一个购买设备的协议，约定在工程开始实施的一年中，根据工程的进度和当时的设备时价来付款。"他给大家强调，一定要让这个工程做一年，因为在一年时间内统筹好的话，这个120万的设备只需要80万就能够拿下。随后其和地产商抓紧时间签订了合同，让他们先付款，等他们收到120万现金之后，曾李青知道这个项目他们肯定能赚钱。那是20世纪90年代的事情了，曾李青用的是现在很流行的期货方式，他的超前态度可见一斑。

曾李青在市场方面可谓一名悍将，当年腾讯公司的很多市场都是他开拓的。

不过腾讯公司上市后，曾李青离开了公司，无论是给年轻人让路也好，功成身退也好，对于曾李青个人来说，这种离开何尝不是一件好事呢？因为一个公司在进入规划化之后，需要维护一个领导人的权威，这个时候公司不需要太多的创始人，需要的是更为专业化的、来打工的职业经理人。

曾李青离开腾讯公司后过了一段时间的清闲生活，在这段时间里他的主要工作就是陪伴家人，每天看看电视、打打游戏。在此之后，他成为一名天使投资人，他认为这是一份比较轻松的工作。

不过在做天使投资人的这段时间里，曾李青的生意可没有那么顺利，为了避开腾讯公司的业务，他先后投资了几家自己并不熟悉领域的企业，比如服装、旅游甚至还有房地产，这些投资都以失败告终，损失了三四千万。

这个时候曾李青不再避嫌，再次杀入互联网市场，毕竟这个市场他更熟悉一些。

2007年底，曾李青投资了由汪海兵开创的淘米网。汪海兵曾经是腾讯公司QQ宠物项目的总监，他当时想做中国最大的儿童社区。当他找到曾李青的时候，双方很快就达成了合作，当然淘米网最终在他们的操作下获得了成功。

曾李青尝到了甜头，先后投资了几家前腾讯员工创办的公司。在腾讯前员工杨威担任贝瓦网CEO的时候，曾李青投资了这家公司并取得了成功。曾李青表示自己并非有意识地选择腾讯员工进行投资，但是在经过一番总结之后，他发现这种情况的确存在。他非常幽默地说："当年这些人帮助老板创业，现在我也要帮助他们创业。"

曾李青做过创业人，也做过投资人，他认为两者之间有着很微妙的关系。投资人和创业人之间需要足够的信任，当然这种信任是建立在相互了解基础之上的，如果一个投资人只是听别人讲了一个故事就选择了投资，显然这种做法最终会将自己拖死，风险太大了。而选择自己熟悉的圈子进行投资，其本身就对对方的素质和水平有一定的认识，风险就要降低很多。

曾李青作为腾讯公司早期的创始人之一，为腾讯公司立下了汗马功劳，随后离开公司之后也实现了自己的价值。

许晨晔现在还留在腾讯公司，继续担任首席信息官一职。他和张志东一样，从深圳大学毕业后选择到南京大学计算机应用专业攻读研究生，毕业后到深圳电信数据分局工作，曾经和曾李青是同事。他的兴趣非常多元化，而且是一个善于聊天的人。

许晨晔曾经讲过他们几个人走到一起的原因。

他们毕业之后联系并不是很多，但是都知道对方的做事风格。许晨晔表示，自己从来没有想过腾讯公司的未来，但是他知道大家都会努力坚持做下去，不会是小打小闹，因为他们都不是那种做事情不认真的人。这是当年他们能够走到一起的根本原因，他们为的是一个共同的目标。

许晨晔主要负责腾讯公司网站财产和社区、客户关系以及公共关系的策略规划，他的工作类似于后台工作，所以我们很少在前台看到喜欢聊天的许晨晔。

陈一丹在2013年3月宣布离开腾讯公司，他是第二位离开的创始人。陈一丹是广东潮阳人，从深圳大学毕业后也去了南京大学攻读研究生。他随后担任腾讯公司的首席行政官，主要负责公司内部的行政、法律、政策发展、人力资源以及公益慈善基金会等事情。另外，他还担负着公司管理机制和知识产权方面的保护工作。

陈一丹拥有律师执照，做事非常严谨，曾改过两次名字。他的原名是陈惠龙，和马化腾是深圳中学时期的同学，之后在深圳大学读化学系，此时改名为陈一舟。但是这个名字又和创办ChinaRen、现千橡的CEO，互联网名人陈一舟重复，于是最终改名为陈一丹。他几乎从来没有接受过专访，他是那个站在马化腾身后默默奉献了15年的人。

如果对中国互联网不是很熟悉的人，恐怕不知道腾讯公司有这么多创始人，而腾讯团队能够走到今天，和他们的努力密不可分。就像我在完成《从乔布斯到扎克伯格》之后，很多朋友都问我，原来苹果公司除了一个史蒂夫·乔布斯之外，还有另外一个史蒂夫（史蒂夫·沃兹）。

有一位在腾讯公司工作超过 11 年的朋友说，无论是腾讯公司的规范化发展，还是公司的管理，陈一丹无疑作出了巨大的贡献。陈一丹的管理不仅能兼顾效率，还兼顾人性化，这使其制定的工作制度和政策都能够延续使用，并且使公司在稳定的道路上发展。

腾讯公司的法律顾问是金诚同达律师事务所的高级合伙人汪涌，其和陈一丹的接触非常多，汪涌认为陈一丹是一个温和而且低调的智者，甚至有着和其年龄不相符的长者之风。他有着卓越的远见，而其打造的腾讯法务团队是当时国内最强的相关团队。

在腾讯公司的内部，所有人都知道马化腾和陈一丹都是非常沉稳的人，他们做事情都考虑得非常仔细和长远。而且两人在性格上形成了互补，马化腾在产品和技术方面是佼佼者，经常会有一些新奇的点子。陈一丹在听完马化腾的讲解之后能够很快领悟其中的意思，然后从专业的角度来分析会不会出问题，以及会不会涉及到法律问题。

陈一丹在家庭方面非常称职，也是腾讯创始团队中最早结婚生子的人，并从关怀家人的角度建立了腾讯公司对员工家属的各种福利政策。

陈一丹还主导了腾讯公司的慈善公益事业，腾讯公司也成为最早建立慈善部门的互联网公司，现在腾讯公司每年有专人专款去做公益，这在后文中会详细讲到。陈一丹个人也热衷于慈善，曾经出资 1000 万元在中南财经政法大学武汉学院设立了奖学金，用来鼓励那些优秀的教育工作者和品学兼优的学生。

早在 2011 年，陈一丹就准备离开腾讯公司，当定好时间之后他开始做倒退的交接工作，用两年时间为自己离开腾讯公司做好了铺垫。通过这个离职过程，我们也能够看到陈一丹的稳健，他在离职邮件中对自己的想法进行了

透露，并和几位创始人做了沟通，在征得其他几位同意之后，才开始做离任的交接工作。经过两年的安排，团队已经成形，业务也趋于稳定，他也就放心地离开了。

不过人们发现，在陈一丹离开腾讯公司之后，公司一直没有再设置CAO的职位。陈一丹的工作一直是腾讯集团高级副总裁郭凯天兼任，郭凯天是在2002年进入腾讯公司的，从2007年9月开始负责公司的行政、法务、政府关系、公共关系、基金会和采购等事务。

随着时间的推移，腾讯公司好几位创始人选择了离开，但是他们为腾讯公司所作出的贡献有目共睹，他们也获得了应该拥有的财富和名声。

创业路上的那些感悟

对于腾讯的成功，有些人认为是机遇和运气，但更多的人认为，是马化腾等几位创始人对腾讯 QQ 的执着，对互联网理念的理解才造就了今天的"企鹅帝国"。想要成功没有那么简单，如果不付出一定的努力，成功只不过是泡影。

谈起腾讯的成功，一向内向的马化腾总是能提起精神，将成功路上的艰辛及感悟娓娓道来。现如今位于上海市徐汇区漕河泾开发区的腾讯大厦，几乎成为所有互联网爱好者膜拜的圣地，在这里依然创造着一个互联网的传奇。

其实不为人所知的是，腾讯公司在成立初期，主要的业务是开发和销售 BP 机寻呼系统。不久，马化腾发现走了弯路，因为这个市场早已饱和，他们开始转战互联网寻呼系统，这套系统一直卖到 1999 年的夏天，这又是一个赔本的业务。此时马化腾顶着大部分股东的压力，决定开发 OICQ，他当时就想回去做个程序员，放空自己，重新开始。虽然当时互联网寻呼系统还在继续，但是所有股东都知道，这套系统根本收不回钱，只是对外宣称是其带给公司营收，不至于倒闭。一个刚起步的公司走一段弯路是在所难免的，关键是如何扭转过来，这考验着创业者对时代命脉的把握，以及自己的处理能力。

随后 OICQ 取得了一定的成功，这种成功带给了腾讯公司希望，但是随着用户不断增加，公司的经费根本不够维系。1999 年 11 月，腾讯公司的账户上居然只有1万元。恐怕谁都没有想到，现在不可一世的腾讯公司，当年居然有过这样的窘困。不过在那段时间里，所有的人都没有气馁，因为他们知道公司的路是对的，只不过在于如何走下去。当时马化腾他们为了筹到资金，从香港买来便宜的笔记本电脑，然后转手销售到内地，以此赚取一定的利润。马化腾本人也参与到这种销售过程中，他回忆说自己也曾经成功销售过很多笔记本。随着公司不断发展，他们终于看到了曙光。即便之前传出了出售QQ的消息，但他们最终还是扛了过来，随着融资到位，公司再也不用为资金犯愁了。

腾讯公司的融资同样充满了变数。

当时腾讯公司什么都没有，只有OICQ的几百万注册用户，那个时代显然没有人认识到用户的重要性，也就是说在别人眼里腾讯公司一无所有，当时他们甚至没有形成一个完备的盈利模式。后来，有人问马化腾："你认为公司的核心价值是什么？"马化腾说："以色列的ICQ卖了几千万美元，它有多少多少用户。我现在有多少多少用户，所以我就值这么多钱。"马化腾的这番话打动了IDG的林栋梁，他最终选择了投资腾讯公司。

自此，腾讯公司看到了曙光。

在创业过程中，无论是创始人还是其他的工作人员，总会经历太多的辛苦，腾讯公司也不例外。所有工作人员在公司的时间超过在家的时间，为了形成良好的沟通，几位创始人每天都会在一起吃午饭和晚饭，在吃饭的过程中大家可以很好地沟通想法。而这几位创始人时常会因一些工作理念争吵起来，有时甚至会拍桌子。马化腾则相对比较安静，他从来不会吵，只不过语言会变得非常犀利。当然他们争吵都是基于工作，在工作之外，他们一直是非常好的朋友。

虽然公司在融资之前的一段时间发不出工资，但是大家都没有放弃工作，也没有人抱怨，反而更加努力工作，同时也更留意融资的情况。在融资的这段过程，马化腾先后做了两次脊椎手术，在第二次手术之后，他一直没有休息，坚持在病床上工作。

那个时候即时通信在国内有好几家，有 ICQ、Yahoo mesenger、MSN、SINApager、PICQ、QICQ、PCICQ、MoMo、8d8d、SOQ、TomQ 等等。在这些即时通信中，OICQ 无疑是最不引人注目的，同样是最穷的一个。但是在竞争的过程中，马化腾始终没有放弃，他和他的创业伙伴坚持认为，只要他们努力下去，OICQ 有一天必然会成为引领中国即时通信的佼佼者，腾讯也最终会成为互联网的翘楚。

等到腾讯公司取得了一定的成功之后，马化腾也承认他们有一些运气的成分。显然这是一种谦虚的态度，腾讯的成功离不开"务实＋专注＋创业热忱"这个公式。

相信任何一家创业公司的成功都充满了伤痕，不伤痕累累就很难取得成功。有些企业在忍受这些伤痕的过程中挺了过来，从而成为行业的翘楚和领导者，而当年他们所承受的痛苦就成为今日辉煌的见证，会以一种正能量的方式激励着所有后来人。而一旦在这种伤痕中没有挺过来，那么这家创业公司就成为过去，其他创业者可以从他们失败的经历中吸取更多的经验。腾讯公司在成功之前承受的痛苦和磨难，绝对不比任何创业公司少。

就如腾讯公司在逐渐壮大之后，面临着这样一个问题：当时钓鱼等欺诈产业链已经非常完备，所有 QQ 用户在非自家电脑上输入 QQ 密码成为一种安全隐患。马化腾知道分享的重要性，也知道这种情况必然会发生，所以在这方面腾讯公司也是经历了阵痛之后，终于摸索出了安全的经验和方法。

再比如，任何形式的创业公司必然会面临一个利益分配的问题，如果分配不好，当年亲密的战友很有可能成为今后的仇敌，而在这一方面腾讯公司的选择是非常合理的，一直以来都是先成就合作伙伴，然后回过头来成就自己。创办一家公司的目的是赚钱，但是腾讯公司并不急于赚钱，他们想要实现的开放平台才是他们最根本的目的。在这个平台上，更多的开发者可以获得成功，他们这种模式促使其他开发者更有动力。

腾讯公司最开始想建立的是一个一站式的在线生活平台，而今随着公司的发展，当年的梦想已基本实现。现在腾讯公司更想打造一个没有疆域的、开发共享的互联网新生态，这将会是腾讯公司今后努力的方向。

马化腾曾经回忆说，过去这一批创业者的创业道路，好比是在种一棵果树，他们会去关心这棵果树会不会有收成，因为每个月他们必然要面临给员工发工资这样现实的问题，还需要交托管服务器的费用等等……而等到有一天他们种植的果树越来越多，成为一个具有规模的果园时，他们将不会关心某一棵果树的收成，而开始思考更为宏观的问题，比如当地气候的变化、有没有大面积的病虫灾害发生等等，他们更为关注的是整个生态圈的变化。

腾讯公司正是这样一步步走来的，他们不着急，从种植一颗果树开始，然后逐渐有了这样一个果园。在创业的过程中，他们逐步建立了一整套完备的规范体系。在这个过程中，技术问题、安全问题、运营问题等等一个个出现，他们耐下性子一个问题、一个问题地解决，虽然看起来他们开放的速度有些缓慢，但正是这种缓慢造就了他们的成功。而这种缓慢其实是一种稳健，这种稳健让他们能够成为最终的胜利者。马化腾知道仓促的开放并不是一件好事，这样做弊大于利，更何况依当时产业环境的成熟度，根本不允许他们迈开步子贸然前进。马化腾和腾讯的高层们始终在思考如何在开放的背景下保证所有用户的利益，用户才是他们最终生存和发展的生命线。

在而今的互联网中，腾讯并不是某个领域的垄断企业，但其涉及到几乎所有互联网领域，市场份额非常大，这和马化腾最初的想法是一致的。当一个企业做到了垄断，不给用户选择，其并没有成功；而当客户明明有其他的选择，最终还是选择了该企业，那才说明了该企业的成功。

无论是在创业的路上，还是在经营腾讯的过程中，马化腾都不断地追问自己三个问题：1.在一个新的领域中你是不是擅长？2.如果不做的话，用户会损失什么？3.如果做了这个新项目，那么在此中自己能够保持多大的竞争优势？也正是这三个问题的不断追问，使得马化腾在创业和随后的经营过程中显得非常谨慎和小心。

腾讯最初走的一段路中的确有运气的成分，但是在经历了一番互联网的洗礼之后，剩下的就不是幸运能够做到的了，更多地需要的是创业者自己的理念，以及最终的执行力。不仅腾讯是这样的，每一个成功的企业都是这样的，没有强大的理想和执行力，仅仅依靠运气怎么可能撑得下去？虽然外界会赋予某个人或某个企业机遇，但这种机遇不是每天都有的，如果没有足够的能力和精力去抓住这个机遇，同样无法获得成功，机遇只会被一次次地浪费。一家企业有一定规模之后，更加需要居安思危，不能躺在现有的成功上睡大觉，要知道后面的路还很长。马化腾本人是一个很简单的人，只一心扑在企业的发展和对整个互联网的改造上。

马化腾透露，腾讯在选择员工时，会将员工的理念放在第一位，如果理念有问题，就算是专业程度再优秀也不会成为腾讯的员工。理念之外，腾讯才会去考察一个人的配合能力、专业能力乃至智商等等。

腾讯能够成功还离不开核心团队的互补性，企业在不断发展的过程中对管理者的要求也是不断变化的。腾讯的几位核心管理层深谙这种变化的重要性，在企业的成长中他们也随之成长，这支年轻的核心团队拥有强大的互补性和学习性，所以他们能够不断地把握时代给予的机会。

创业路上的艰难险阻

无疑，而今腾讯已经是最成功的企业之一，而马化腾也是最成功的创业者之一，很多人都渴望从腾讯或马化腾身上找到创业成功的经验。其实在腾讯初期，他们同样遭遇了很多问题和艰难险阻。众所周知，因为资金的原因，马化腾差点以60万卖掉了OICQ，不过之后他逐渐明白互联网不是纯粹的掘金。还好当时他们的这种想法搁置下来了，要不然而今每个人电脑的右下角恐怕就不会有那个小企鹅了。

OICQ一推出就受到了广大网民的认可和喜欢，随后腾讯得到了风险投资，而OICQ也更名为QQ，从此以一种全新的商业模式和持久的经营理念出现在中国的互联网业。

2001年，新浪、搜狐和网易都已经有了一定的规模，并通过上市获得了足够的资本支持，同时找到了适合自己的盈利模式，开始推出收费业务，"日子"越来越好过了。当时腾讯不具有扩充资本的条件，而他们的产品也不具有收费业务的可能，当时的腾讯只是一个18个人的小公司，市场上找不到适合他们的收费渠道，他们自己也无法拓展这方面的渠道，唯一有的就是2亿的注册用户，而这些注册用户就像我在后文中说的——是腾讯"甜蜜的忧愁"。

直到2004年6月，腾讯在香港上市，其才有了稳定的资本支持，而在这之前腾讯经历了太多的艰难险阻。不过，上市之后他们的日子也没有好过到哪里去，他们面临着太多的问题，需要以较低的成本开展全新的业务，要通过即时通信提高客户的粘性，这些是腾讯公司和国外同行竞争的筹码。

随着互联网不断发展，马化腾知道互联网行业必将走向网络游戏等增值服务，而这也将是市场最大的份额。这个行业和大经济环境有反周期的特点，网络游戏本就是廉价的娱乐，当大经济环境不太好时，人们的生活压力开始变大，就会减少一些奢侈的消费，从而增加一些网络游戏的消费。在这个方面，马化腾及他的团队准备着力做一些事情。

在创业之前，马化腾并没有十足了解互联网，当时他也处于一种"朦胧状"。不过即便是这样，他还是有足够的预见性，知道现在急需搭起一个架子，然后将技术作为公司的核心内容，毕竟他本人就是软件工程师，所以腾讯公司更关注技术开发，工作重心也会放在不断提升产品质量上。而在本书多处也提到，随着在社会上摸爬滚打，他已深切明白开发软件最重要的就是要懂得应用，而不是写作者的自娱自乐。

当然，通过前文的介绍，我们已知 QQ 最初只是腾讯公司的一个副产品，他们当时还有其他的业务要做，不过马化腾始终将 QQ 看作腾讯公司的希望，很早就认识到其所蕴含的巨大市场价值，只不过这种价值当时没有被别人发现和认可罢了。而当时腾讯公司刚刚起步，马化腾虽然认可 QQ 的市场潜力，但是从技术和资金各个方面来说，他还不敢确定在未来的发展中，腾讯公司能够和 QQ 一起走多远。

最初腾讯公司选择了三管齐下的方式：一方面继续巩固传统网络寻呼系统，在这方面他们可以获得一定的盈利；一方面将一部分的精力放在 QQ 功能的开发和巩固上，力求这款软件尽善尽美；再就是积极寻找风险投资公司，得到他们的支持之后，腾讯公司才能没有后顾之忧地开发产品。

十多年的经历证明，这个三管齐下的政策完全正确。作为腾讯公司的掌舵人，马化腾可以说是一名有胆魄、胸怀和眼光的人，他能够认真做好自己擅长的事情，在带领团队前进的路上，也能够敏锐地看到市场的变化，从而更好地调整战略，而这也是腾讯公司最终走向成功的一个重要原因。

马化腾知道互联网的发展需要不断地烧钱，但是他并不喜欢这种模式。他认为只要慢慢探索，并且做好规划，是可以人为控制成本的。假设在短时期内投入很大，却看不到成绩，这样对企业内部根本没有办法交代，毕竟现在他带领的是一个团队，这个团队的人需要吃饭、需要养家。所以马化腾认为，创业就必须先做容易看到效果的事情，尤其是在一个全新的业务领域开战，并不是说高薪聘请来一位高人，然后大把花钱就可以成功的。要进军这个领域，企业的负责人首先要对这个领域进行了解，在行动之前，要搞明白哪些属于技术方面的问题，哪些不是；哪些工作是可以不用追加投入就可以实现的，而哪些需要追加成本才能够做得更好；一旦商业模式形成，到底是选择收费还是不收费？如果不收费的话那盈利模式在哪里？这些都是需要思考清楚的。在腾讯公司进军互联网其他领域的时候，马化腾的确带领着自己的团队先做了十足的摸索，然后才开始开展工作。

而在人才的选用上，当马化腾准备开拓全新的领域时，首先选择的就是内部人才，只有在内部工作人员实在无法担当这部分工作时，他才会选择重新聘请，毕竟一个企业要发展，人才的忠诚度很重要。

马化腾在日后接受采访时讲道："先把产品做好，让业务自身滚动成长，市场推广暂时搁置。到了进入到需要强力市场推广的阶段，要让他去找很强的副手，内部找不到，就去外面挖。每个中层干部都一定要培养副手，这是硬性的'备份机制'。"

第五章 / 危局之坎——差点廉价处理的帝国雏形

恐怕没有人知道如日中天的 QQ 在当年差点被卖掉。互联网企业要发展依靠的就是最基本的方式——烧钱。显然这种方式是马化腾玩不起的，在维持了 QQ 最初的运营之后，腾讯公司很快出现了资金不足的迹象，而他们也差点将腾讯 QQ 出售。好在最终他们保留下了这款产品，也在坚持中看到了腾讯公司发展的曙光。

QQ 诞生的遭遇

马化腾和他的团队最早开发的是网络传呼系统，前文中已经多次介绍过，当他还在润迅公司工作时，就想过将传呼系统和互联网结合，而现在正是他大展宏图的时候。

腾讯公司最初研发的这种网络传呼系统，用户可以将一些信息发送到互联网上，虽然其存在着很大的局限性，但在那个年代已经是很大的突破了，只可惜这项业务并没有让腾讯快速进入盈利模式，于是他们开始拓展其他的业务。他们急需找到能够盈利的项目，凭借这些项目来养活公司，从而维系他们的梦想。

　　我们都能够想象当年腾讯公司的办公环境，肯定和现在位于上海市漕河泾开发区的腾讯大楼无法相比。当时腾讯公司在深圳赛格科技园区的4楼，只拥有一个不到100平方米的小房间。好在那个时候陈一丹和许晨晔还没有从工作岗位辞职，而曾李青也时常出去跑业务，所以大多数时候只有马化腾和张志东在办公室里，这样这个小环境看起来才稍微宽敞一些。

　　在那段时间里，尽管好心的房东免除了腾讯公司的房租，但是每到月底交水电费的时候，几个人就会犯难。因为机房的服务器需要24小时工作，尤其在夏天的时候，空调等等用电设备都开始工作，每个月的水电费成了一笔不小的开支。

　　这还不算什么，马化腾他们面临最大的问题是市场带来的挫折。他们几个都不深谙市场运作之道，所以开发出来的产品无法很快打入市场，在给别人推销产品时总是被拒绝。

　　腾讯公司在创立初期，几乎每一分每一秒都有倒闭的可能，因为他们没有足够的资金去维持他们的梦想，而他们的梦想和产品也需要一段时间才能够证明其价值。每个创业者都是折翼的天使，他们所经历的痛苦是一般人无法想象的。其实很多创业者在创业前期都有一份很不错的工作，至少在收入方面很有保障，但是他们最终却选择了放弃。或许正是因为他们曾经有过一份不错的工作，他们才更渴望通过更大的舞台来展现自己的能力，更渴望获得更大的成功。

　　而就在马化腾他们苦苦支持的这段时间里，以色列人研发的ICQ已经在全球市场风生水起，使用这种软件进行交流已经成为一种时尚。之后美国在线公司收购了ICQ，开始了真正意义上的推广，而互联网工作人员也开始看到 IM 行业的巨大商机。中国电信等大型国企也看到了这个市场，之后不久发布了招标 IM 项目的公告。

马化腾他们听说这个消息后沸腾了，以为自己的曙光来临了，于是展开了对实时通信软件的开发，并对这次招标信心十足。他们知道这是一个非常好的机会，一旦招标成功，养活公司根本就不是问题，而公司肯定会随着这轮招标而一跃成为国内数一数二的互联网企业。

为了稳妥起见，马化腾找到了电子邮件业内数一数二的人物丁磊，他们之前就是很好的朋友。此时的丁磊已经帮助中国电信开发了免费邮件系统，其团队拥有强大的竞争实力，他们从免费邮件开始探索，找到了自己成功的金钥匙。丁磊和中国电信之间有着良好的工作关系，所以马化腾找到丁磊，希望其能够为自己出谋划策。

人算不如天算，虽然马化腾对自己的产品非常有信心，可是在竞标的时候，他们的产品还没有完全成形，最终腾讯以失败告终，胜出者是飞华公司。

那段时间，因为竞标的失败，腾讯团队内部士气低落，大家在为自己没能把握住这次机会而懊恼。塞翁失马，焉知非福。其实这次竞标的失败未必就是一件坏事。试想如果当初腾讯公司竞标成功，IM 软件的开发和中国电信绑在一起，之后又怎么可能有拥有 QQ 的腾讯？

竞标的失败并没有让马化腾的团队放弃这款 IM 软件，他们深信这款软件会有属于它的市场，决定完成这款软件，然后自主投放到市场，对其进行推广和运营。

腾讯公司面临着巨大的挑战，不过对于几位技术控来说，开发产品尤其是开发这款 IM 软件能带来莫大的快乐，这本就是他们最愿意做的事情。很快这款产品开发完成，不过销售经验的欠缺，却使得他们找不准推向市场的时机。

其实腾讯公司面临的还是资金的问题，他们钱不多，所以需要将这些钱用到最合适的地方。虽然他们当时已经找到了一些盈利的项目，但是这些资金和运营成本比较，不过是杯水车薪。

对于普通民众来说，互联网是一个全新的行业，IM软件在国内也是刚刚起步，根本找不到任何可以借鉴的经验和模式。所有的东西都需要自己摸索，摸索成功就成功了，而一旦失败他们不多的资金也就打了水漂，这种冒险的行为让他们很忐忑。自主运营一个全新行业的全新产品让马化腾他们如履薄冰，他们只能摸着石头过河，谁也不知道这个市场到底是怎样的，但面对如此大的困难，他们从来没有退缩过。

无论是IM软件在国外的盛行，还是马化腾本人对互联网行业的敏锐判断，都使得他下决心放手一搏。

关于产品的发展方向，马化腾知道现在唯一能够效仿的就是ICQ，他们必须实践。很多事情都是这样的，不去做的时候总感觉困难重重，只有放手去做了，才知道路到底该怎么走。遇山爬山，遇水脱鞋，如果不去实践就永远找不到前进的方向，成功则永远不会到来。

完全规避风险是不可能的，他们只能依靠自己的专业知识和敏锐的观察力尽可能地避开一些风险，至于市场的不确定性因素，他们也没有办法预测清楚。

模仿ICQ，这成了当年腾讯公司唯一能走的路。

腾讯公司走出的第一步是模仿，但是互联网是一个渴求创新的行业，所以马化腾要求团队将创新的元素融入到他们模仿的ICQ上。

ICQ是一款神奇的软件，其能够在国外市场风生水起肯定有它独特的魅力所在，但是经过一番研究，马化腾发现这款软件并不是很适合中国市场，有着一定的局限性。比如，这款软件采用的是纯英文界面，这一点就不能让大部分中国人所接收；另外，当时操作ICQ的都是互联网内部的人士，其在操作上并不是很"亲民"，专业的操作会让大部分中国人望而却步；最后，ICQ有一个致命的硬伤——所有用户信息都存储在用户终端，也就是说存储在用户使用的那台计算机上，一旦更换计算机，那么存储的这些信息就无法获取。那个时代笔记本电脑等移动设备还没有完全普及，中国大部分网民都在网吧里上网，使用的电脑不可能是固定的。这些因素使得这款软件在进入中国市场时显得"步履蹒跚"。

马化腾和他的团队正是看到了ICQ这些缺陷，才针对这些情况努力开发自己的产品，到1999年2月，腾讯公司正式推出了自己的IM软件——OICQ。

OICQ针对中国人开发，界面采用全中文；操作也非常简单，不需要专业的知识；而且解决了用户信息存储的问题，用户可以在任何地方、任何电脑上调取自己的信息。这款软件基本上实现了IM软件的中国化。只不过因为种种原因，OICQ在推出之后并没有引起很多人的重视。毕竟，当时整个中国的互联网也不过刚刚起步，去上网很大程度上和不务正业是同义词。另外，一部人已经接纳了ICQ，OICQ的出现不但没有引起他们的兴趣，反而激起了他们排斥同类产品的心态，毕竟OICQ表面看起来并没有独特的核心竞争力。关于这一点其实很好理解，试想当我们熟悉了QQ这款聊天工具之后，让我们再换成MSN或陌陌等其他聊天工具的话，我们也不见得乐意轻易接受。

不过马化腾对这款产品充满了信心，他知道产品的本身没有任何问题，甚至优于ICQ，只不过现在无法被市场所接受而已。在和自己的团队讨论许久之后，他们决定推出优惠策略。

1999年5月的一天，腾讯公司将OICQ挂到网上供用户免费下载和免费使用。那个年代大部分的网络软件都是收费的，不像现在想要什么软件都可以免费下载，而网络公司本身也依靠出售软件获得效益，马化腾本人的第一桶资本积累同样依靠出售软件股霸获得。马化腾正是明白这种收费的门槛，所以决定推出免费软件。果然腾讯公司的行为立即在中国网民中引起轩然大波，最开始经济实力薄弱的在校大学生开始大量下载OICQ，马化腾的免费政策对他们来说实在是太有帮助了。之后随着这批大学生毕业后走向工作岗位，OICQ在所有网民中逐渐开始蔓延，就此OICQ打开了市场。

巧的是，这一年有一个叫痞子蔡的作家横空出世，他的网络小说《第一次亲密接触》出版和热销，正是这本书的存在使得成千上万的读者知道了OICQ的存在。在这本小说中，OICQ几乎是一个华丽的代表，在很多年轻人的眼中几乎就是时尚的代名词，他们对这种能够远隔千里而达到沟通效果的聊天工具很感兴趣，OICQ一夜之间就像BURBERRY一样风靡了大半个中国。很难说到底是《第一次亲密接触》成就了OICQ，还是OICQ为《第一次亲密接触》助力，总之在这一年，它们相辅相成，都成为时尚男女眼中的潮流，《第一次亲密接触》在全国热销，而OICQ同样在网上被疯狂下载。

笔者第一次接触OICQ还是在高中，有一天一位同学来家里玩，当她打开我的电脑看到桌面上没有OICQ的快捷方式时，就问我："你的OICQ安装在什么地方？"我意识到自己"out"了，因为当时我的电脑里根本就没有安装OICQ。

OICQ继而流行了起来，很多人认为OICQ的风靡和中国人含蓄的性格有一定关系——中国人虽然对陌生的人或事充满了好奇，但是他们却不太愿意和陌生人交谈。OICQ正好解决了这个矛盾，陌生人之间可以通过OICQ

交流，反正是在计算机的后面，大家并不需要面对面地直接交流。正是因为两个聊天的人根本不认识，大家更愿意将一些不能告诉熟人、但又渴望倾诉的秘密和 OICQ 好友交流。总之，种种原因下，OICQ 终于在互联网市场站稳了脚跟。

此时的马化腾看到了成功的可能，但是他并没有被这种小胜利冲昏头脑，他有着扎实的行业经验，而且具有独特的洞察力，他知道这只不过是一个开始。一切才刚刚开始，后面的路还很长很长。

马化腾的眼光没有错。

2014 年的今天，谁敢说自己的电脑上没有安装 QQ（OICQ 改名之后的名称）？

不仅如此，现在越来越多的人通过 QQ 和亲朋好友沟通、交流业务……QQ 也成了计算机安装中的一项必备软件。而很多企业都将 QQ 定位为企业相互沟通的软件，很多商业人士也开始将 QQ 号码印在自己的名片上……不仅因为 QQ 是免费的，更重要的是 QQ 做到了最优的客户体验。

现在 QQ 似乎就是一个人另外一个身份证号码。

当然，QQ 现在的成功，离不开当年腾讯创业团队的努力。当时 OICQ 成了学生和年轻白领必备的软件，同行业很多类似的软件产品都已经销声匿迹，腾讯公司拥有了一大批忠实的粉丝，马化腾等人在社会上的名望也得到了提高。但是在这些的背后，同样有着巨大的压力。OICQ 和 ICQ、MSN 一样，在推出之后均没有找到合适的盈利模式，此时 OICQ 已经失去了可以模仿的对象，找不到借鉴经验。腾讯急需找到盈利模式，要不然公司根本支持不下去。当时 ICQ 所属的 AOL 公司，以及 MSN 所属的微软公司，都是实力强劲、财力雄厚的企业，所以他们根本不着急用 IM 工具来赚钱。可是腾讯公司不一样，OICQ并不是他们的附属产品，而是他们的主营项目，如果找不到盈利点的话，公司很有可能被产品拖垮。

为了让公司继续走下去，腾讯公司不得不承接了很多其他业务，诸如网页设计、系统集成、软件开发、网络培训等等，几乎所有能够赚钱的网络项目他们都愿意接。那个时候腾讯公司的目的就是让OICQ活下去。但是想要活下去是一件非常难的事情。当时银行根本就不会以注册用户数量作为抵押进行贷款，而一些投资人也不看好OICQ，他们认为这款软件只是烧钱的工具。

而在当时世界互联网的大环境下，几乎所有人都知道互联网是一个阳光行业，但是所有人又都不愿意将钱投到这个还没有被看清的行业中。那时候很多人还没有意识到互联网的价值规律和商业规律，这个新型的行业已经在颠覆传统行业，而这些从事互联网行业的年轻人只能将自己为数不多的资金全部投进去，用以完成这个行业起航前的"烧钱"阶段。

马化腾身边很多人都认为他们几个疯了，但他们就是这样疯狂的人。

不仅腾讯公司，互联网的龙头企业雅虎这个时候也在不断地"烧钱"，其负责人同样在进行着疯狂的行为。

这种疯狂持续了一段时间后，腾讯公司有点支持不下去了。有一天马化腾发现他们的账面上只剩下1万元了，而他们每天还需要烧钱。也就是在这种情况下，有些人动摇了，纷纷劝说马化腾卖掉QQ。当时QQ在市场上已经有了一定的名气，如果出售的话可以获得一笔不小的资金。

马化腾也是一个普通人，看着QQ这个黑洞一般的产品一点点地蚕食着公司，他也动摇了。虽然他知道这个产品的重要性远不止于此，但是他需要为整个团队负责，那个时候其他4位创始人也完全辞掉了工作，全职在腾讯工作。在董事会上，其他4个人出奇一致地同意卖掉QQ，马化腾只能接受这个事实。

关于腾讯公司出售QQ的过程在本书的下一章中会详细介绍到，不过最终他们没有找到卖家，出售QQ的事情被搁浅。

就在马化腾他们四处出售QQ之际，润迅公司将自己的一些市场份额赠送给了中国联通，联通接受了这份礼物，因为这份礼物多多少少还有一定的市场价值。但是当时QQ在所有人的眼中一钱不值，是一个完全烧钱的工具。有一天张志东问马化腾："有一天如果我们宣布将QQ无偿送给别人，而还没有人接手的话，我们该怎么办？"这个无奈的问题，让马化腾和张志东陷入了苦笑，苦笑之后便是长久的沉默。

企业亏损是很正常的事情，就算是因亏损而出售公司也是很正常的事情，可是像润迅公司这样，将自己的市场份额无偿赠送给别人的情况却很少出现。如果有一天，腾讯公司要将QQ无偿赠送给别人，而别人还不愿意要，那么他们将成为一个世纪以来最大的笑话。也正是这种假设的存在，使得马化腾梦醒——面对挫折所应有的是坚持和拼死一搏的勇气，而不是退缩。

腾讯公司决定放手一搏。

选择了融资这条路

20世纪最后几年是中国互联网行业飞速发展的几年，尤其是1999年。那一年，中国电子商务之父王峻涛融资成功；那一年，中华网获得了9600万美元的资本，并且成功地在纳斯达克上市；那一年，新浪网也获得了风险投资……那一年，有着太多的中国互联网的奇迹。那一年，马化腾和他的团队依旧在互联网行业中打拼。

虽然腾讯公司有一些款项的储备，但是随着QQ注册量的不断增长，他们的这些资本根本就不够"烧"。那个时候国外的资本不断进入中国，看到王峻涛融资成功，马化腾知道，要想让这只"企鹅"活下去，就必须融资，无论这条路是坦途还是荆棘之路，他都要走。

不过，马化腾在接受融资上有条件，投资商无论投入多少资本，始终不能够控股，企业的运行必须由腾讯自己的团队说了算。而且马化腾选择投资商，一方面看重对方的经济实力，另外一方面还要看对方对整个市场的洞察力。他认为，一个优秀的投资商不仅具有强大的资本实力，还具有丰富的行业经验，在投资的过程中应对企业有长期的规划。这样做才是对双方负责，也只有这样才能够最大程度地保证被投资企业的成功。

马化腾在这方面思考了很久，本身他是一个做事谨慎的人，但是在融资这条路上没有任何经验，所以最初引进的两家投资商对腾讯公司没起到任何良性作用，也没有提供任何实际的帮助。

虽然20世纪末一波风险投资进入中国市场，但是随着几年的发展，风险投资已经较为理性。马化腾看到了这一点，为了融资做了充分的准备工作。他做了6个版本长达20多页的计划书，然后开始了漫长的谈判阶段。

每一个想要创业的人面临最大的问题就是资金问题，尤其是在创业的初期，他们的远大梦想总是被资金所限制，做事情也显得捉襟见肘。一旦这个企业做得有些起色，融资就是一个必然面临的问题，不管创业者对自己的产品有多大的信心和热情，只要投资者不认同，那就无济于事。同样，创业者也在选择投资商，如果投资商和创业者之间的想法不同，就算其愿意投资，也很难促成合作。

不过谈判尚未取得成果，马化腾自己的身体先受不了了，在准备融资的这个阶段他先后做了两次脊椎手术。那个时候他虽然见了很多投资商，但是并没有适合腾讯发展的投资商，他忍受着身体的病痛思考着QQ的命运。

经过了良久的思考之后，马化腾的团队终于将目光锁定于两家投资商：一个是美国国际数据集团（International Data Group），或许这家集团的简称更被人们所熟知，那就是IDG；另一个是香港电讯盈科（Pacific Century Cyber Works Limited），其简称是PCCW。这两家公司都比较符合马化腾的要求，而且都有曾李青的朋友，必要的时候也可以帮忙。

马化腾和IDG的负责人在谈判时，对方问马化腾："你认为你们产品的核心价值是什么？"

马化腾思考了一会说："AOL用2.87亿美元收购了ICQ，就是因为ICQ拥有成千上万的用户，我们的产品用户并不比他们少，所以我们的价值也不会低于他们。"

正是马化腾的这番话打动了这位 IDG 的高管，事后他自己也承认这段话对他很震撼，他也是因为这段话而愿意投资腾讯公司的。

经过漫长的谈判之后，这两家公司最终决定投资腾讯。也就是从这个时候开始，腾讯不再为钱担心，也知道 QQ 不会因为没钱而被出售了。马化腾此刻也松了一口气，能够静下心来养病了。短短一年时间里，IDG 和 PCCW 两家投资商为腾讯投资 200 多万美元，而同时他们从腾讯公司各获得 20% 的股份，腾讯自己的团队只剩下 60% 的股份。

引进两家投资商后，腾讯公司丧失了 40% 的股份，但是马化腾认为这是值得的，中国的互联网企业的确都在走这样一条路。也不仅仅是互联网企业，任何创业都是这样的，想要取得一定的规模，想要发展和壮大，就需要资金的介入，而这种介入势必会带走诸如股份等一些创业者所拥有的财富。当时 QQ 每天烧钱的速度惊人，就算现在马化腾想起来也是心有余悸的，如果没有这些资本的介入，恐怕这只企鹅早就支撑不下去了。所幸他融得了一大笔资金，这些资金帮助企业渡过了难关，让 QQ 挺了过来，所以给投资商一些股份的回报是非常正常的。除了失去一部分股份和资本介入之外，腾讯公司的整体运营并没有变，还和以前一样。

马化腾是一个非常谨慎的人，之前创业的时候就非常谨慎，现在得到投资之后，显得更加沉稳，公司的大小事务他都会关心到。

很多企业拿到风险投资之后会尽快花掉，然后再去寻找全新的投资商。他们往往会做一定量的广告宣传，然后在公司的办公环境上进行大手笔的改进。但是腾讯公司并没有这样做，马化腾对待投资非常谨慎，认为这是对自己企业负责的表现。在拿到投资之后，马化腾尽量缩减开支，并对腾讯公司的未来发展做了长远的计划，几乎到了精打细算的地步。

马化腾在那个年龄就显现出了与年龄不符的稳健与果敢，虽然他缩减了很多开支，但是在该花钱的地方丝毫不小气。比如，他利用这笔风险投资将公司的软件和硬件进行了升级，而且为公司添置了一台储量达到200G的服务器。这台IBM服务器开始运作之后，马化腾基本上不再为疯狂增长的QQ注册用户担心了。这台服务器经过一番调试之后，在场的所有人都沸腾了，一直悬在他们头顶的一把利剑终于放了下来。

风险投资本身是一把双刃剑，这一次它帮助到了腾讯公司。在风险投资的介入下，腾讯公司的业绩也有所上升。根据一项数据表明，截至2000年末，腾讯公司网站的访问量排在中国大陆地区的第6名，而腾讯公司也成为中国排名前十的互联网企业。最为关键的是，从此刻开始，腾讯QQ正式成为中国网民必备的聊天工具，几乎所有人都熟知了这只跳动着的小企鹅，腾讯开始了良性发展。

此时腾讯团队的每一位成员都能体会到这种成功的快乐，第一次的成功永远让人们刻骨铭心，即便之后他们取得更大的成就，他们也不会忘记今天的辉煌。

不过，春天并不永远属于互联网行业。

随着互联网行业的崛起，一批"挥斥方遒"的风流人物涌现出来，如王志东、张朝阳、丁磊、马化腾等等，但是他们还没有来得及体会胜利的喜悦，冬天就到了。

2001年下半年纳斯达克收市一般，大盘指数不断下跌，即便亚马逊、微软、英特尔、雅虎、eBay这样的互联网巨头也无法幸免。随着国际大市场的惨淡，中国互联网的一些小企业也处于危机之中，网易和搜狐等等股票都大幅下跌，中国的互联网行业开始进入冬天。

当时网易 CEO 丁磊因为承受不了这种压力，差点出售网易，尽管最终因为种种原因而没有出售，但这毕竟能从侧面反映出当时的情况；而搜狐 CEO 张朝阳为了挽救公司，竟然拿出自己的个人财产来购买搜狐的股票。

马化腾亦是这场大浪中的一员，虽然腾讯公司获得了一定的风险投资，企业也在财力的助力下有了很大的起色，但却仍没有找到合理的盈利模式。虽然他们有足够的钱，但当时他们的行为还是烧钱，而不是赚钱，马化腾对此非常担忧。

两家投资商的 200 万美元没过多久就被烧完，腾讯公司又开始四处筹钱。而 IDG 和 PCCW 纷纷看到了市场大环境的变化，也开始担心互联网企业能不能熬过这个寒冬，他们开始动摇。还是之前提到过的，那个年代没有人看到注册用户的重要性，他们并不愿意为这种飘在空中的数字投钱。

时隔不久，IDG 放弃投资，这重打击让腾讯公司变得更加脆弱。

PCCW 虽然对 QQ 庞大的注册用户很感兴趣，但是当时他们正处于一个很大的收购项目中，也没有足够的资金去投资腾讯了。有趣的是，PCCW 另辟蹊径，虽然不再打算投资腾讯公司，但渴望寻找另外一种业务上的合作。于是他们找到了香港著名导演王晶，看看有没有机会让腾讯的庞大用户和电影结合起来，无奈他们的这种想法过于"超前"，最终这种跨界合作没有成功。

可以说每个人都害怕一件事情，那就是"等待"。当时的腾讯公司就处于等待中，PCCW 既不说终止投资，也不说追加投资，就这样一直吊着腾讯的胃口。马化腾本人在那段时间也备受煎熬，也不知道这种日子什么时候是个头。

那个时候腾讯公司的技术已经足够完善，企业规模也还说得过去，他们最需要的就是有一笔资金能够维持盈利的那天。虽然之前腾讯公司有过动摇，但是这一次腾讯上下没有一个人动摇，他们和马化腾一样，一直坚信互联网的春天即将到来，腾讯公司的春天即将到来。

坚持必定见到曙光

PCCW虽然很看好腾讯大把的注册用户，但最终还是和IDG一样，选择了放弃。腾讯公司原本以为在一番等待之后能够看到曙光，谁知道结果居然是这样的。腾讯公司上下陷入了无奈之中，但他们还是坚信这一次能够渡过难关：坚持了说不定就能够成功，而一旦放弃了就肯定会失败。

非洲有一家南非米拉德国际控股集团（MIH Holding Ltd），这家企业年营业额能够达到2.5亿美元，主要的经营项目是互动电视和收费电视，其市值更是超过了40亿美元。他们在美国纳斯达克和阿姆斯特丹证交所都上市了，是一家全世界赫赫有名的传媒企业。这家简称为MIH的集团公司在中国的负责人是个美国人，他有一个奇怪的名字——网大为，曾经担任过中国电信的技术顾问，之后去MIH担任中国区副总裁。他受公司总部的指示，需要将公司的一部分业务打入中国市场，正在积极寻找能够和他们合作的中国企业。经过一番考察之后，网大为认可了腾讯公司，认可了QQ，而他看中的就是QQ的飞速发展。

那个时候网大为渴望能够见到马化腾，但是腾讯公司网站上公布的唯一联系方式是一个QQ号码，这让网大为很不舒服。他认为，要和一家公司联系还要装一款软件实在是太麻烦了，况且他还担忧这款软件会不会有病毒。在对自己计算机的保护上，欧美国家的人优于大部分国人。在中国，很多人看到软件的第一反应都是下载，根本不担心有没有病毒。

好事多磨，终于在2001年上半年，网大为和马化腾取得了联系。一番沟通之后，网大为更加认可了腾讯公司以及这个管理团队，他认为腾讯公司能够有今天，并不是随随便便就做到的，如果他们有雄厚的资本支持，定会有一番作为，必将在中国这片互联网较为贫瘠的土地上生根发芽。网大为从各个方面对腾讯公司进行了深入考察，有一段时间因为频繁出入于腾讯公司，一大部分腾讯员工居然认为他是腾讯的一名新员工。

后来到了2011年，网大为最终真的选择加入腾讯公司，担任腾讯公司国际业务部执行副总裁，主要负责公司境外的服务工作，当然这是题外话了。

一番考察之后，网大为对腾讯公司非常认可，他知道如果MIH和腾讯公司合作的话，日后必定会有一番大作为。于是2001年6月，MIH买下了腾讯公司46.5%的股份，这46.5%包含PCCW的所有股份，以及IDG的大部分股份，IDG只剩下了7%。MIH为此总共支付了3200万美元，而其也成为腾讯最大的股东。

对于和MIH的合作，马化腾非常满意。在MIH的投资下，腾讯公司获得了一个非常稳定的发展环境，这正好是腾讯公司最需要的。他们不再为钱而担心，而开始为日后的战略方针着想。回过头来看，当初马化腾选择投资商的时候，最看重的就是足够的资金、丰富的行业经验以及长远的投资方案，而这些MIH都满足，MIH和腾讯的合作非常顺利。

有了MIH这个大财团的支持，马化腾有足够的精力去思考公司发展的问题了。

那个时候，腾讯公司还是没有找到合适的盈利模式，而腾讯盈利最大的问题便是收费渠道的建立。腾讯公司先是推出了收费会员，但是只有不足

3000名会员，在庞大的注册用户数面前简直是九牛一毛。马化腾的团队开始分析原因，他们认为：首先，腾讯QQ的很多服务还需要不断完善和健全；其次，服务费的支付问题还是一个硬伤。其实腾讯推出的网络服务费用不是很高，对于一些发烧友来说绝对可以接受，比如QQ会员每个月也就20元，但是很多人却不愿意为这一点钱到银行里去办理业务，那个年代网上购物还不够流行，更不要说网络转账了。

与其说这一点是腾讯公司的硬伤，倒不如说是金融业发展的硬伤，在这一点上金融业制约了互联网业的发展。

既然这条路暂时行不通，腾讯团队想到了其他方案。

这就是广告。

事实上，就像出版一本杂志一样，如果没有广告费用的话，仅仅依靠发行量是很难支持巨额支出的。2000年7月25日，QQ用户端的界面中出现了第一条广告。现在或许我们已经熟悉了腾讯QQ上的各色广告，但是当时这绝对是创新之举，也正是因为这一创新行为，腾讯公司的广告业务开始不断增长。到2000年底，腾讯公司仅靠广告就获利150万，不过和QQ庞大的支出相比，这个数字依旧显得"苗条"很多。

之后，腾讯公司想到了品牌授权。

所谓的品牌授权，就是将已经趋于成熟的商品标志授权给代理商，代理商可以通过这个已经被市场认可的标志开发与之前经营项目无关的商品，最后双方就获利进行分成。在国外，这种品牌授权和品牌代理已经成形，也成为一种新型的产业。现在这种产业已经大面积进入人们的生活，比如著名的超人系列文具、贺卡、玩偶等等。以这种品牌的熟知度带动新出产品的方式受到大众的喜爱。

最著名的品牌代理就属迪斯尼乐园了，迪斯尼本身是一家国际著名娱乐公司，但是其在全球范围内的品牌代理商已经达到3000多家，衍生出的产品更是涵盖了所有行业。

最初没有几家企业愿意成为这只"企鹅"的品牌代理商，而且那个时候Hello Kitty最高的代理费也不过5%。不过令人惊奇的是，马化腾很快找到了合作企业，而且居然创下了10%代理费的记录。而那些代理商一旦准备做这件事情就显得诚意十足，往往会带着大把的现金来到马化腾的办公室里，然后和他谈合作。

当时QQ的用户大多数是10岁到30岁的人，这个年龄段的人对于带有时尚元素的产品充满好奇，带有QQ企鹅标志的产品自然成为热销品。代理商逐渐尝到了甜头，更愿意和腾讯合作了。

2000年12月，广州一家开发玩具的企业想和腾讯合作，经过一番谈判之后最终签约，腾讯公司授权这家企业研发带有QQ企鹅形象的玩具。十个月之后，这家企业在广州的商业区开了第一家玩具专卖店。腾讯公司利用先天的优势，借助QQ信息提示系统向所有QQ用户发布这一消息，让更多的人知道这款玩具问世了。这两种类型企业的合作，使得双方都获益，也得到了消费者的热捧。随着玩具的成功，QQ的代理商开始蔓延至服装、手表、装饰品等等行业。

在品牌授权的过程中，马化腾感慨万千，对这个行业也有了全新的认识，决定扩大产品代理的范围以及权限。而在那个时候因为这家广东玩具公司的成功，国内很多生产商都看中了腾讯公司，而腾讯公司的品牌授权也开始分为形象授权、促销授权、主题授权以及渠道授权等等一个系列，成为一整套运营模式。就这样，腾讯公司本身的形象也在这些产品走向市场的同时得到了推广和宣传。马化腾认为虽然品牌授权让他们损失了一些既得利益，但是从长远的角度来说，这种损失是应该的，而且是利大于弊的。

在接下来的一段日子里，尝到甜头的腾讯公司扩大了合作公司的行业，和多种行业的公司开始有了接触，这些行业的公司纷纷想要和腾讯公司合作开发产品。

虽然有人提醒马化腾，腾讯其实自己可以开发这些产品，但是马化腾婉言谢绝了。因为他更深切地明白腾讯公司是一家互联网企业，他们所专注的点是互联网，至于其他的衍生产品，能够让他们获得一些利益就足够了，他不打算让企业变得杂乱而不精细。马化腾也谦虚地表示，如果不是代理商找到他的话，他根本就不知道世界上还有这个行业存在。

当然这种品牌授权是相辅相成的，一方面腾讯公司可以从中获取一定的利润，另外一方面随着这些产品的热销，QQ的形象更加深入人心，这种虚拟和实体的结合让腾讯公司的业务形成一个良性循环，这为双方都起到了很好的作用。

马化腾也明白，如果深耕品牌运营，腾讯公司肯定会更快地找到盈利模式，这会为腾讯公司打开一扇通往财富的大门。马化腾也明白这种多元化发展对腾讯公司的好处，但是这种发展一定要一个度，他们只愿意从事和互联网有关的业务拓展。马化腾表示，腾讯团队是一个技术性的团队，而腾讯公司也是一个线上的公司，他们不会考虑拓展到其他行业。

而此时，腾讯的虚拟产品盈利也有了一定规模，之前公司已经推出了现在被人们熟知的"QQ秀"。这本就是QQ虚拟商品的延伸，因为当时QQ有大量的注册用户，的确会有一些QQ的发烧友对此感兴趣，而且很多用户之间会形成比较，所以QQ秀的大量商品被大量购买，腾讯公司也从中获利不少。

其实所谓的QQ秀不过是对虚拟形象进行一番打扮，QQ秀的使用者可以自主设计自己的形象，还可以根据自己的喜好随时更换虚拟形象的发型、服装以及面部表情和背景等等，不过这些服务基本上都是收费的。之后腾讯公司将QQ秀用到的虚拟商品做成店铺的形式，这样用户就可以根据自己的喜好到虚拟商店中购买。每件虚拟商品的价格在2元左右，一整套下来在20元左右，当时腾讯公司已经拥有1亿的注册用户，就算只有10%的人愿意尝试，你也可想而知腾讯公司的收益了。更何况根据一项数据统计显示，当时有将近40%的用户都愿意尝试这种购买。

不过回过头来看，当时收费渠道的问题已经是腾讯公司最为头疼的问题，这个问题一直在困扰着他们。如果这个收费渠道能够打通，仅仅QQ秀一项就能够让他们赚得盆满钵满。

第六章　香港上市——"企鹅"过香江赴资本盛宴

> 腾讯公司最得意的事情应该就是在香港上市。和很多大陆的互联网公司不同，马化腾并没有选择在美国纳斯达克上市，而是在香港上市。事实上这一次马化腾又走对了，随着在香港上市成功，腾讯公司的国际范儿十足，发展势头也是一路高升。这个时候的腾讯公司更是懂得了互联网发展中最重要的地方，开始向国际化公司迈进。

找到收费渠道的腾讯公司

　　腾讯 QQ 拥有大把的注册用户，而且展开了一些能够盈利的项目，比如 QQ 秀等。但是摆在腾讯公司面前的始终是收费渠道打不通的问题，这个渠道不打通的话，他们的注册用户就无法顺利转化为盈利，这是腾讯公司团队以及马化腾最头疼的问题。

　　不过 2001 年，腾讯公司看到了曙光。当时财大气粗的中国移动公司推出了"移动梦网"的服务业务，从此中国一些网络服务的费用都可以通过手机费用的方式代为收取。不久之后，移动公司和一些网络服务公司制定了一个

"二八分账"的协议,也就是说网络服务商要将20%的费用转让给提供渠道的中国移动。

这个消息对于马化腾来说无疑是可喜的。如上所述,很多QQ的注册用户实际上想购买QQ的虚拟产品,但就是因为付款方式比较复杂而搁浅,谁也不愿意为几十块钱跑一趟银行。现在好了,中国移动公司的移动梦网服务的推出,彻底解了马化腾的燃眉之急。

其实在中国移动推出移动梦网服务之前,马化腾就想到了这个点子,那段时间他频繁接触中国移动公司广州分公司,希望对方能够提供一种代为收费的服务。而提早的接触使得腾讯和移动之间建立了初步的信任,所以当中国移动公司准备在全国推出"移动梦网"时,马化腾的运作团队就开始了全面运作,并且在这项服务正式推出前的半年,和广州移动公司签订了一份合作协议,只要中国移动公司正式推出移动梦网,他们的合作立即成形。也从这一天开始,腾讯公司结束了长达3年的没有盈利模式的处境,他们已经不是那个只能烧钱的互联网公司,之前投下的数千万美元没有打水漂,腾讯公司有了自己的盈利模式,将整体上开始获益。而就在2001年底,根据数据统计,腾讯公司整体运营的收入突破了1000万元。

移动梦网的推出是腾讯公司的曙光,也正是从这一刻开始,腾讯公司看到了更大的希望,事业发展进入一个高潮阶段。在互联网行业中,马化腾无疑是超前的,当他看到移动梦网大获成功之后,火速组织研发团队,开发了移动QQ这一款互联网无线服务产品。因为腾讯QQ本身就有庞大的注册用户,所以这一新产品推出之后迅速被人们接受。

这一次,腾讯团队又取得了成功。

中国移动公司内部做过一项数据统计,移动QQ占据移动梦网业务总量的比例最高时达到惊人的74%。

不得不说，移动梦网的出现拯救了中国的互联网行业，因为在这项服务中受益的不仅仅是腾讯公司，还有新浪、搜狐和网易这三大门户网站，这三家公司到2002年底逐渐开始翻身，股票一路上升。

虽然移动梦网让马化腾的团队走出危机获得了成功，但是马化腾知道，此时他们仍受制于人，受到了运营商很多限制，不能达到100%的自主，而借助无线服务的互联网发展并非长久之计。假设马化腾将公司的盈利重心放在此处的话，风险非常大，一旦对方终止合同，就会带来巨大的损失。

显然马化腾这一次又对了。

中国移动虽然没有终止双方的合同，但是数据表明，腾讯公司在无线服务方面的收益从最高时期的80%开始下跌，一度跌到50%。马化腾在这件事情上展现了非常优秀的市场分析能力。果然，之后中国移动公司开始了整顿，对无线服务市场做了大力的调整。所有的网络服务商都是借助中国移动的服务，他们没有任何优势可言，所有的网络服务商均陷入被动之中，而张朝阳领衔的搜狐公司还被中国移动处以罚款，且只能接受这个惩罚。因为腾讯公司早早作出了判断，所以在那次大调整中受到的损失最小。通过这件事情马化腾进一步认识到无线网络服务的劣势，虽然他不准备放弃这一部分，但是在腾讯公司未来的发展中，他认为这一领域的业务应该被边缘化，越早越好。

虽然移动QQ曾给腾讯公司带来巨大的收益，一度超过公司收益的50%，但马化腾还是非常坚决。他对这一点时刻保持着警惕，一方面利用这一领域赚钱，另一方面积极寻找更适合于腾讯公司的收费渠道。其实这个道理很好理解，移动QQ的收入如果占到了公司收入的一半以上，那说明公司陷入了单一模式盈利的局面，这是一种很危险的行为，且和公司长远的发展轨迹是相悖的。如果继续这种不稳定的业务模式，腾讯公司开始越来越依赖于此，一旦这种模式出现问题，整个公司将会受到波及。马化腾意识到这一点之后，开始琢磨腾讯QQ的下一个收益增长点。之后腾讯公司围绕QQ推出了一系列产品，我们熟知的有QQ音乐、QQ短信铃声、QQ综合性网络游戏。至于和中国移动的合作，腾讯公司作出了一定调整，不再完全依赖于此。

后面发生的事情，熟悉互联网的人都知道了。

2006年，历史的发展印证了马化腾的猜想，中国移动在几年的时间里迅速壮大，而当他们的实力达到一定境界，并对互联网有了足够了解之后，其推出了属于自己的IM工具，也就是那个发短信不要钱的"移动飞信"。而在这一年的12月29日，中国移动公司宣布终止和所有网络服务商的合作，正式主推其自主的IM产品，并且自主进行无线网络服务。

但是移动飞信推出之后遭遇了瓶颈，其缺乏足够的用户基础。此时移动公司想到了拥有庞大注册用户的腾讯QQ，于是找到马化腾进行协商，希望能够让移动飞信和移动QQ做到平台的无线对接，共享腾讯公司的注册用户。而作为交换条件，移动公司愿意和腾讯公司续约半年，只不过最初的"二八协议"将要调整为"五五协议"。

马化腾这个时候并不想和移动公司共享500万的注册用户，但是因形势所迫还是答应了。不过马化腾提出，协议中应该写明，腾讯和移动公司合作开发无线网络服务产品，产品的名称被定为飞信QQ。而也就是从此刻开始，腾讯公司自己独立研发的产品移动QQ被历史的车轮带走。不久之后，一款全新的产品——飞信QQ正式上线，并且在2008年突破了1000万注册用户，此时腾讯公司则将主要精力放在了在线IM产品的开发上。

通过这件事情，马化腾更加确定，在犹如战场的商场中，一定要充分保持自己的自主性，如果迫于压力接受一些本不应该接受的事情，那么最终会给自己带来失败，甚至是毁灭。马化腾还指出，每个开始创业的企业都具有一定的运气成分，但是当公司进入正轨之后，就要依靠不懈的努力和坚持才能够走下去，在不该放弃的时候一定要坚持走下去，这样才能看到胜利的曙光。如果将自己的命运放在别人的手中，根本不会看到所谓的曙光。

马化腾之所以能够取得成功，肯定有运气的成分，但运气只不过是偶然的因素，绝对不能成为主观原因，更不具有必然性。就比如马化腾作为一名设计师，不仅是腾讯QQ，公司所有的产品他都会自己去体验，而且是第一时间去体验。他会站在一个用户的角度提出一些感受以及修改意见，从而更大程度上完善产品。"以用户为中心"这个理念当年马化腾就已经明白了。

腾讯成为上市公司

就在腾讯公司和移动公司纠缠不清时,腾讯公司还发生了一件重大的事情。这件事情对于腾讯公司来说意义非凡,或许马化腾自己当时也不知这件事情是弊大于利,还是利大于弊,总之该发生的都会发生,发生之后就坚定地走下去。

MIH资本介入之后,腾讯公司的发展规模迅速得到了提升,不再为钱而担心,开始不断巩固自己已经获得的市场,同时也在不断地拓展全新的盈利模式点。与此同时,马化腾还在筹划另外一件事情,那就是所有有雄心的企业发展中都需要面对的——上市。

2001年8月,腾讯公司的例会照旧召开,参与这次会议的人手中都拿着一个沉重的档案袋,里面装着一份非常特殊的资料,其上写满了英文。接下来马化腾宣布,不久腾讯公司将要远赴香江,在香港上市,所有人手中的就是他们之后获得的期权,不过每个人需要向公司交纳象征性的1港币费用。

虽然当时腾讯公司还存在一些制度管理方面的弊端,同时在公司架构上也需要调整,但上市本身能够促进这种调整。很多事情不是想好了才能做,有些时候就是需要在做的过程中去想。上市之后,这些问题都能够引刃而解,能够让公司变得更加规范,而公司的整体规模必然会获得很大的提升。

当时MIH集团不断地投资腾讯公司,虽然说是看好了腾讯公司的产品,以及这个团队的凝聚力，但他们也渴望看到回报，而腾讯公司想要获得长远发展，必须找到属于自己的资本来源。经过几年的摸爬滚打，腾讯公司已经初具规模，而且取得了一定的成绩，上市自然就成为水到渠成的事。

不过腾讯公司上市的过程并没有想象的那么顺利，毕竟他们还不是一个非常成熟和有名的企业。

马化腾在了解了高盛亚洲投资银行之后，将腾讯公司上市的项目提交给了这家银行的负责人刘炽平，2003年4月腾讯公司也提出了香港联合交易所上市的申请。

刘炽平拿到腾讯公司上市项目的资料时，陷入了沉思。这是一份非常厚的资料，虽然刘炽平对上市非常了解，但是对于互联网来说他属于一个新人，这份资料里的内容很多是他知识范围以外的东西。他在办公室中走来走去，互联网对他而言是一个完全陌生的行业，这家名为腾讯的公司他也从来没有听说过。为了充分了解这家公司，以及这家公司最主要的产品腾讯QQ，这位敬业的负责人选择到网吧里进行实地考察。当时能够聚集中国网民的只有网吧，刘炽平想在这次"微服私访"中看到腾讯QQ的受欢迎度。

刘炽平的走访很快就传到了马化腾的耳朵中。马化腾自然对走访结果非常自信，因为别的不太敢保证，但对于中国内地网民对腾讯QQ的依赖性，他是非常了解的，他感觉到胜利的钥匙已经掌握在自己的手中。事实的确如此，刘炽平和他的团队到内地的网吧进行调查后，有点惊呆了，因为几乎在他们去过的所有网吧的所有电脑右下角都有一个甚至好几个"企鹅"，很多网民利用这个软件沟通、玩游戏、听音乐、浏览新闻，而且每一个网民似乎都乐此不疲。当刘炽平询问一些网民关于QQ的问题时，他们如数家珍一般，似乎不知道QQ就不懂得上网一样。刘炽平明白了腾讯QQ在内地网民中强大的地位。

刘炽平是一个做事谨慎的人，他知道当时腾讯公司和中国移动正在合作，于是也通过自己的个人渠道接触了这家腾讯公司最大的合作伙伴。通过中国移动，刘炽平了解了腾讯公司的业务量以及收费方式，之后他也认可了腾讯公司是一家较为成熟的企业，有自己的经营理念和盈利模式，并且在他的眼中，这家互联网企业的未来将不可限量。而当他得知MIH是腾讯最大的股东之后，更加明白了这家公司的资金储备，于是当即决定支持腾讯公司上市的项目。

2003年6月7日，香港创业板公开招股，9天之后的2003年6月16日，腾讯公司正式在香港联合交易所上市，香港联合交易所的大银幕上也打出了"祝贺腾讯控股有限公司在香港联合交易所上市成功"的巨大字幕。从此刻开始，腾讯公司正式成为香港联合交易所的上市公司。这个时刻是腾讯公司以及腾讯公司所有员工价值实现的时刻，他们看到了努力的回报，谁又能够想到当年几个小青年成立的公司，在几年之后能取得如此大的辉煌？

在腾讯上市这件事情上，刘炽平起到了至关重要的作用，而马化腾也认可了刘炽平的工作能力。在几年之后的2005年，马化腾正式聘请刘炽平担任腾讯公司首席战略投资官，主要负责公司的投资事务。刘炽平在腾讯公司的工作如鱼得水，一年之后被提升为执行局高管，2007年更是进入董事局，开始协助马化腾管理和运营整个团队。当然这些都是后来发生的事情。

其实很多读者读到这里会感觉很奇怪，因为大多数互联网公司都会选择在美国纳斯达克上市，尤其是取得风投的互联网公司，为什么腾讯公司会选择到香港上市呢？马化腾自然有自己的考虑。当时腾讯公司的承销商有13家之多，其中有6家建议腾讯公司到香港上市，只有4家建议在纳斯达克上市，余下的3家则是建议同时在香港和美国上市。马化腾耐心听取了承销商的建议。一方面，他支持在香港上市的6家承销商。另外一方面，虽然在香港上市之后公司的平均市盈率比不了纳斯达克，但是在纳斯达克上市的互联网公司太多，一旦上市会面对太多的竞争对手，没有任何的优势；而选择在香港则不一样了，要知道，如果腾讯在香港上市成功，就会是在香港上市的第一家互联网公司。这也是刘炽平考察的原因，因为还没有互联网公司在香港上市的先例。马化腾知道，如果在香港上市成功，通过公司上上下下的一起努力，其必然会成为行业中的"领导者"，公司日后的发展就不用说了。

事实证明，马化腾的决定是非常英明的。

腾讯公司在香港上市之后，股市反应很不错，最开始就报收超过发行价格18.24%，最高的时候达到了惊人的25%。经过第一天的市场波动之后，腾讯公司的股票最终以超过招股12.16%的价格收市，股票的成交额为19.47亿港币。这在那个年代创造了一个互联网的奇迹。显然腾讯公司就是一个互联网的"刘谦"，是一个奇迹的创造者。自打这家公司成立之后，由于团队努力，他们创造了一个又一个奇迹，这些奇迹支撑着他们更加努力地前进。

当然腾讯公司的上市以及上市之后的杰出表现，不仅是腾讯公司的成功，也是整个团队的成功。腾讯公司上市造就了5个亿万富豪、7个千万富豪，凡是拥有公司期权的高管都有了足够的获利。其中马化腾持股是14.43%，其股值为8.98亿港币；张志东持股6.43%，股值为4亿港元；陈一丹、许晨晔和曾李青持股共计9.87%，股值合计6.14亿港元；腾讯公司的其他7位高级管理人员总共持股6.77%，股指为4.22亿港币。

而这次上市成功后，腾讯公司真正成为一家大型企业，成为中国互联网行业的巨头，马化腾本人也成为中国又一位年轻富豪。

当然这个时候最开心的应该是 MIH 集团，因为这家集团公司才是腾讯公司最大的股东。MIH 当时拥有腾讯公司 46.5% 的股份，甚至比腾讯自己的管理层整体持股还要高出 0.2%。MIH 当年决定投资腾讯公司，就是想拓展海外市场，但是没有想到这笔投资这么划算。自然有人欢喜就有人愁，腾讯公司剩下的股份由 IDG 持有，不过这些股份已经很少很少了，因此 IDG 从腾讯公司在香港上市获得的回报非常少。相信这个时候的 IDG 以及 PCCW 将追悔莫及。

马化腾不是一个安于享乐的人，他的目标并不仅仅是这些，他相信自己和腾讯未来的空间还非常广阔，所以他没有开始享乐，也没有失去工作的激情。之后他采取了一系列的措施。

马化腾虽然不是一个完全意义上的商人，但是他知道公司股份的重要性，他从 IDG 手中回购了所有对方持有的股份，并且和 MIH 集团进行协调，想将公司的股份进行重新的合并以及分配，最终和 MIH 集团达成了各持 50% 股票的协议。马化腾的团队继续负责公司的所有业务运营和日常管理，MIH 不能插手，而 MIH 集团派来的两名负责人只能作为腾讯公司董事局的非执行成员列席。不久之后，马化腾成立了公司的独立董事会。

除了对公司的股份进行重整之外，马化腾还开始激发一些优秀员工的工作热情，开始实施内部员工股权激励政策。

2007 年 12 月 13 日，腾讯公司的股权激励政策开始实施，这项政策中最重要的一条是，公司将以股票的形式奖励公司的优秀员工。而这项政策在生效之后得到了有效实施。

2008 年 8 月 29 日，马化腾将 101.605 万股股票奖励给 184 名优秀员工。

2009 年 7 月 10 日，腾讯公司评选出 1250 名优秀员工，马化腾则将

818.118万股票奖励给这些优秀员工。

在这种股票政策的激励下，腾讯公司的发展更加趋于稳定。

腾讯公司在香港上市后，其资本已经足够雄厚，马化腾除了对公司的持股进行了重新调整之外，还走上了扩张之路。在上市之前，腾讯公司就拥有了一整套的经营策略，已经开始通过无线增值、互联网增值、网络游戏以及电子商务等延伸自己的产业链。而马化腾的目标并不是打造QQ这样一个聊天工具，在他的眼中QQ将会是一个完美的结合体，其中有门户、搜索、游戏，甚至电子商务等，他就是想打造这样一个一站式的服务模式。

腾讯结束了自己的烧钱时代，而在烧钱时代积累的庞大用户群是腾讯公司最宝贵的财富，他们将会利用好自己手中这笔财富，让其滚雪球般增长。

马化腾本人也获得了很大的荣誉和名利。

2009年，马化腾和当时TCL集团的负责人李东生被美国的《TIME》周刊评选为"全球年度最具影响力商业人士"之一。有趣的是，之后马化腾将后者拉到了自己身边，李东生成为腾讯公司独立董事会的成员。关于此，很多人会想到前面提到的网大为、刘炽平，可见在知人善任上，马化腾同样优秀。

《TIME》杂志评选出的"全球年度最具影响力商业人士"都是各个行业龙头企业的负责人，比如通用电气的杰弗里·伊梅尔特、花旗银行的负责人查尔斯·普林斯及荷兰皇家壳牌集团负责人范德伟等等，而上榜的华人只有两位。这项评选的条件之一就是，要在自己所属的行业中拥有创新、规范、引领和突出的贡献。显然，马化腾凭借着腾讯公司的快速发展，以及业务量的增长，成为互联网行业的楷模，从而能够成为这份名单中的一个。

之后不久，马化腾还被香港理工大学授予"杰出企业家"的称号。

也正是从这个时候开始，马化腾这个人的名字、腾讯这个企业的名字、

QQ 这个软件的名字名噪一时，成为互联网行业中的新宠。

互联网本身就是一个全新的行业，虽然中国的互联网起步略晚，但不妨碍其成为财富新贵的培育基地，这种财富传奇的创造举不胜举。只不过这一夜，这个财富的荣誉授予了马化腾。的确，马化腾和他的团队在这个时候理应享有这份名誉和财富，他们占据了市场最大的份额，为中国出现网上社区作出了不可磨灭的贡献，他们也是中国网上社区的先驱。而这个从无到有的过程，他们坚持了 6 年，这 6 年的心酸冷暖只有他们自己知道，如今他们是中国互联网行业的骄傲。

腾讯公司看到了未来，如果说当年的腾讯自信是建立在幻想中的，那现在的腾讯完全可以拥有足够的自信，腾讯的事业才刚刚开始！

与 AOL 的那场鏖战

商场犹如战场，无时无刻不存在鏖战。

但是经过大浪淘沙之后，这场竞争中必然会留下一些被我们熟知的名字。互联网行业从进入中国市场的那一刻开始就进入这场战斗，在风云变幻的争斗中，同样有一批优秀的企业家和优秀的企业被我们熟知。

在上文中也讲到，中国互联网在短短的 10 年时间里，涌现出一大批优秀人才，也造就了多位年轻富豪，如王志东、陈天桥、丁磊、李彦宏、张朝阳、马云、史玉柱等。他们是这个时代的弄潮儿，用自己的方式改变着这个世界，改变着人们所熟知的线下生活，很多人已经开始进入网络时代。

在这批优秀的企业、优秀的企业家、优秀的改变者中，自然少不了本书的主人公马化腾以及腾讯公司，截至 2004 年，腾讯 QQ 已经拥有 3 亿注册用户，其中有 30% 的人几乎每天都要使用腾讯 QQ。而此时腾讯公司不会再为钱担忧了，其年纯利润达到 10 亿元人民币，是中国赚钱最多的互联网公司。

虽然腾讯公司取得如上的辉煌，但是他们在发展的道路上始终不平坦，要知道互联网行业本就是一个竞争激烈的行业，在这个行业中有太多的翘楚。上市之后的腾讯公司，必然要面临来自于全世界其他优秀企业的挑战，他们需要经受住国际市场的考验。腾讯首先面对的就是美国在线（AOL），两家公司在域名注册的方面存在着太多问题。

我们先来了解一下美国在线（AOL）。这家企业在前文中已经提到过，是世界上著名的互联网企业，也是美国最大的英特网服务商。2006年，世界品牌实验室发布了"年度世界品牌500强"，其中AOL位列139位。AOL是世界互联网行业的翘楚，也是大腕级别的企业，曾经花费巨资从以色列人手中买来了ICQ，并将其推向了世界市场。借助AOL公司强大的资本实力和宣传，ICQ这款拥有巨大魅力的产品很快在全球掀起了一场使用的风暴，而一些互联网公司为了开发自己的IM工具纷纷开始模仿ICQ。AOL公司为了保护自己的既得利益，纷纷向这些模仿的企业寄出了一纸诉状。AOL企业是互联网的老大，需要用这个软件来巩固自己的市场占有率，一旦有企业通过模仿他们而实现超车，他们绝对不想看到。本身在IM工具上AOL公司就先人一步，再加上其强大的实力和背景，很多互联网公司纷纷败下阵来。

我们来看腾讯公司和AOL公司的争执。

事情还得追溯到马化腾和他的小伙伴注册成立腾讯公司的时候，保护意识很强的马化腾在注册了公司之后，立即注册了公司域名。当时他总共注册了两个域名，分别是1998年注册的oicq.com和1999年注册的oicq.net。当时腾讯QQ的名字还是OICQ，所以马化腾理所当然注册了这两个域名。问题就出在这里，AOL公司为ICQ注册的域名是icq.com，于是AOL指出腾讯公司有恶意注册的嫌疑。

其实AOL公司早就注意到了腾讯公司的OICQ，只不过当时他们忙于和其他较为有实力的公司对簿公堂，没有时间去搭理腾讯公司，对于马化腾他们的举动也就没有追究，所以腾讯公司能够在这种机会下得到发展。如果AOL公司过早介入的话，恐怕腾讯QQ就不会出现了。随着腾讯公司的上市，再加上IM市场的不断蔓延，AOL公司确定腾讯公司同样是一个棘手的对手，于是决定对付这家中国企业。

就在腾讯公司在上市之后获得足够的资金，准备大力发展之际，他们收到了来自 AOL 公司的投诉函。AOL 直接指责腾讯公司的 OICQ 是对他们知识产权 ICQ 的侵犯和剽窃，要求腾讯公司无条件将网站 oicq.com 和 oicq.net 转让给 AOL 公司。OICQ 的开发阶段的确模仿了 ICQ，这一点马化腾是承认的，OICQ 的大部分模块和功能几乎和 ICQ 一样，可以说就是一款 ICQ 的中文版，所以在这件事情上，腾讯公司陷入了被动。而 AOL 公司不依不饶，他们并不想草率解决这件事情，一定要给这家新型的中国企业一点颜色，以证明自己互联网老大的位置。在投诉函中，AOL 公司指出，如果腾讯公司不按照他们说的去做，他们将通过法律武器来捍卫自己的权益。

最初看到这封投诉函，马化腾并没有太在意，他以为 AOL 公司想进入中国市场，所以通过此来做噱头，这种广告手法在当时是屡见不鲜。马化腾认为，只要自己坚持低调的做事风格，那么 AOL 炒作够了自然就会罢手。对于这件事情，马化腾和腾讯团队就没有做任何回应。

事情并不像马化腾想象的那样简单，还没等他缓过神来，他就接到了国际仲裁委员会的传票，AOL 公司已经将腾讯公司告上了国际法庭。

这件事情对腾讯公司影响很大，当时几位管理者都非常紧张，因为腾讯公司还没有经历过官司，更不要说上国际法庭和 AOL 这样的公司面对面了。在准备上法庭的这段时间里，马化腾听到了各种声音，大家基本上都是鉴于 AOL 公司的实力以及其和其他公司诉讼的结果，纷纷规劝马化腾接受 AOL 公司的要求，将腾讯公司最主要的域名 oicq.com 和 oicq.net 转让给 AOL 公司，尽量不要和对方正面冲突，选择在私下里解决更好。要知道当时败给 AOL 公司的企业中，有不少都是国际大公司。

且不要说 AOL 公司有多大的实力，其实 ICQ 本身就是对方正式注册在案的产品，任何企业使用 ICQ 字样的软件和产品，本身就对对方构成了侵权，更何况是在同一领域。在 20 世纪末及 21 世纪初，中国企业的法律意识和知识产权意识还较为淡薄，加之国内的相关制度也不是很健全，所以腾讯公司才一直在使用 OICQ 这个名称，直到有一天被人家告上了法庭才反应过来，原来自己已经侵权了，已经违法了。

这件事情腾讯公司败诉是肯定的，无论如何，腾讯公司都需要无条件将两个域名交给对方。只不过在这个时候，很多人较为关注腾讯公司的态度，到底是选择对簿公堂和 AOL 争论一番，还是束手就擒将域名交还给对方。

最终马化腾的选择是对簿公堂。

OICQ 虽然在研发和设计上模仿了 ICQ，这一点不假，但毕竟这款产品是腾讯团队努力经营的产品，他们为此付出了太多的努力和艰辛，自然不愿意轻易将这个品牌交出去。另外一方面，虽然马化腾是个做事沉稳的人，但是他一时无法接受 AOL 公司的要求，要和它争斗一番。而根本的原因是，马化腾想通过和对方对簿公堂争取到足够的时间，为注册新的域名做准备。当时这两家域名下的网民数量已经非常可观，一旦更换肯定会造成用户的减少，他必须想办法在无法保留域名的情况下让损失减少到最低。而其他的人幻想，马化腾之所以选择上国际法庭，是因为他有一定的把握可以绝地反击。事实上，马化腾知道，那是基本不可能的。

就这样，为了能够赢得足够的时间以减少损失，马化腾顶住了各方面的压力，选择了迎难而上，正面迎接 AOL 的挑战。

在迎接挑战这种事情上，马化腾显然有足够的经验。腾讯公司从成立的那天开始，就在迎接着各种各样的挑战，只不过今天的挑战不同于以往罢了。

既然要迎接挑战，就一定要让全世界都知道腾讯公司准备迎战了，这也是一向做事低调的马化腾想要看到的效果。在一片争论声中，这场战斗开始了。

当时马化腾对自己的团队说："形势逼人，要想使腾讯有更好的发展，这是我们最好也是唯一的选择。"

马化腾在作出回应之后，就开始积极准备。虽然他知道这是一场注定失败的迎战，但是他也要打出一手漂亮牌。马化腾先找到了曾经合作过的IDG，因为IDG和AOL一样都是美国企业，他们之间的了解更为充分。IDG在和腾讯公司合作的时候非常愉快，所以他们最终决定帮助腾讯公司，答应全面帮助运筹。接下来马化腾开始发动所有的资源寻找对自己一方有利的证据，然后根据对方提出的诉讼内容积极准备应对的办法。

这之后，马化腾更是摆出一副要为自己讨回公道的样子。AOL看到这副样子反倒有点不适应了，因为以往他们所挑战的公司要么直接投降，要么就算是最终对簿公堂也是很没有信心的样子，谁知道腾讯公司居然摆出这样一副姿态。

一番准备之后，腾讯公司和AOL公司进入了国际法庭，开始了正式法庭辩论。AOL公司首先指出腾讯公司恶意注册域名oicq.com和oicq.net，这两个域名侵犯了AOL公司的合法权益；而腾讯公司对此也作出了自己的反应，并将一些资料摆了出来。双方争论了很长时间，不过再怎么说这对腾讯公司都不利，最终仲裁官作出了裁决。虽然腾讯公司的所有人，以及帮助他们的IDG，还有他们的大股东MIH都期盼奇迹出现，但是最终的结果依然是腾讯公司败诉，oicq.com和oicq.net无偿属于AOL公司所有。这样的结果是AOL公司意料之中的，他们有十足胜诉的把握。

最终这场诉讼马化腾和腾讯团队败诉了，但是人们在马化腾脸上没有看到一丝的失望,他也亲口对记者说:"这场官司我们失败得毫无悬念。"在接下来对马化腾的采访中,他同样摆出一副输了很正常的姿态,而且对腾讯公司日后的发展大有信心。所有人都被败诉的马化腾所吸引,而马化腾合理利用媒体关注,演绎了一场现代版的"塞翁失马,焉知非福",很好地为给腾讯公司做了广告,从而使这家只有中国比较出名的企业一夜之间成为世界新闻报纸的头条。更为可喜的是,腾讯公司在香港的股票不但没有下跌,反而强势上涨,根据分析很多投资都来自于境外。被晾在一边的胜方AOL此时才如梦方醒,也对这位中国年轻企业家投以由衷赞许的目光。

虽然腾讯公司败诉了,但是马化腾正面回击,以及借机宣传腾讯公司的创举被人们津津乐道,很多舆论和媒体指出,来自中国的这家互联网公司终将会走得很远很远。

仲裁之后,腾讯公司并没有再和AOL公司纠缠,爽快地交出了两个域名。而经过和AOL公司的官司,腾讯公司也赢得了足够的时间,他们在国内已经做好了域名更替的准备,虽然出现了一些小问题,但是在更换过程中并没有出现大的纰漏。而在这次更换过程中,腾讯公司在登陆的客户端界面也做了一定的修改:之前腾讯官网上供下载免费可执行文件的名称是oicq.exe,现在更改为qqxxxx.exe,这个"xxxx"实际上是为了区分不同的版本,随着腾讯公司不断成熟,其最终改为不同年份;而登陆器名称也从之前的OICQ变为QQ。也正是从这个时候开始,人们所熟悉的OICQ正式退出历史的舞台,改名为QQ,为中国乃至世界的网民服务。

之前说过,当时的中国乃至国人对知识产权并没有什么明确的概念,所以这场风波对腾讯公司几乎没有造成什么影响,因为很多人根本不在乎这件事情,所以用户不但没有减少,反而保持了稳定的增长。

而随后，马化腾也是吃一堑长一智，腾讯团队自主设计了卡通形象，将之前的头像全部更换。新的头像不但没有任何侵权的可能，反而显得更加时尚。更换了头像之后，腾讯QQ显得不同于以往，很多网民感觉很新鲜。腾讯QQ的这次转变，马化腾和他的团队赢得非常华丽，虽然他们输了一场官司，但却赢得了更多的支持和赞誉，显然在这场没有硝烟的战争中，他们才是最终的胜利者。

马化腾不是一个传奇，但是马化腾和他的团队打造了一个属于互联网的奇迹。从此，他们解除了所有的后顾之忧，迎来了腾讯跨越式发展的一天。

卷三 经营篇

——一招鲜能否吃遍天

第七章　产品原则——要让用户觉得方便

互联网行业看重的是产品，谁的产品能够满足用户的需求，能够给用户提供最舒服的用户体验，那么用户就支持谁。在这一点上，腾讯公司重点发力，很快在中国 IM 市场站稳了脚跟，最终成为这个领域的龙头老大之一。虽然在发展的过程中腾讯公司有过失误，但是马化腾很快修正了失误，最终带领腾讯公司成为广大网民最信赖的互联网公司之一。

QQ 要收费了吗

在解决了收费渠道、香港上市，以及和 AOL 之间的侵权问题后，腾讯公司迎来了大发展，逐渐成为 IM 行业当仁不让的第一巨头，不仅在中国，即便是在整个亚洲的名声也非常显赫。马化腾明白，要想让腾讯获得更大的成功，首要任务就是站稳在中国的脚跟，然后再谋求其他的发展。

当时腾讯 QQ 的注册用户还在不断增长，而且此时的增长速度已远远高于当年，虽然腾讯公司现在并不是很缺钱，但毕竟投入仍在不断地增加。从边际效用递减规律来说，腾讯QQ的注册用户实际上是在减弱。腾讯公司虽然着力于研究新的产品，但是新产品的研发却出了一点问题，并没有获得成功，所以此时腾讯公司的整体收益实际上是在减少。在这种情况下，整个腾讯的管理层都知道，他们必须寻找全新的盈利模式。

腾讯QQ在中国的IM市场有着稳定的市场份额，企业发展也日渐成熟。腾讯公司摆脱了官司之后，他们作出一个非常大胆的决定，决定向QQ的潜在用户收费，实行注册收费业务。

在马化腾个人的眼中，腾讯QQ收费的时机已经非常成熟。在当时，国内的IM市场基本被腾讯QQ所占领，很多人都已经习惯了用这款软件来沟通，不仅是人与人之间，一些企业也将此定为内部沟通的主要工具，新的用户如果想融入必然需要注册全新的QQ号。于是，腾讯公司决定向全新注册的用户收取1元钱的注册费用。

虽然1元钱的费用并不算多，但是腾讯QQ注册即将要收费的消息一放出，还是激发了很多网友的不满。随着QQ收费业务的不断延伸，这种反对的声音愈演愈烈，甚至出现了谴责和谩骂。网络上，一些有才的网友还专门针对这件事情写了长篇文字来谴责腾讯公司。

注册收费业务推出之后麻烦不断，很多网友在注册QQ的时候，系统提示为"服务器正忙，请稍后重试"，可是接连操作好几次得到的提示依然相同。很多网友拨打腾讯的客服电话了解情况，得到的答复是黄金时段注册用户量比较大，所以很难注册成功。可是闲暇时段网友同样不能注册，之后他们才了解到，原来此时腾讯QQ注册已经开始收费。很多网友认为这种注册收费本来就不好，再加上腾讯并没有直接告诉网友，他们对此都很有怨言。

关于腾讯公司的腾讯QQ收费问题在国际上并没有先例，这也是腾讯公司的创举。ICQ 在全世界有着庞大的用户，占据实时通信服务一半以上的份额，但其始终没有推出任何收费的项目，注册收费更是他们想都不敢想的。当时微软已经推出了 MSN，MSN 注册同样不收费，虽然其在市场份额上和 ICQ 无法相提并论。当然这两家公司之所以选择免费，主要是为了相互制约，如果一方推出收费项目，将会流失大部分客户资源，一旦这部分资源流入到对方公司，后果将不堪设想。再加之两家公司强大的资本背景，根本不需要为这点儿钱所担心。

但是在中国就不一样了，腾讯 QQ 占据了 IM 市场 90%的市场份额，基本上形成了垄断，他们基本上不会受到竞争对手的挑战，所以他们才敢有收费的想法。之前在国内也出现过 OMME 和 PICQ 这样的 IM 工具，但基本上都是昙花一现，很快就从市场上败下阵来。不过互联网可是一个国际舞台，其根本不会受限于地域，一旦腾讯 QQ 在中国失去了大部分的客户资源，那么国际 IM 工具必然会进入中国市场，开始抢占中国的 IM 市场。事实的确如此，微软的 MSN 很快就进入了中国市场，抢占了一席之地，中国其他企业也跃跃欲试，纷纷开始研发 IM 工具，此时腾讯公司的地位岌岌可危。

事实上，在国内很多网民中都有 QQ 和 MSN 同时使用的情况。笔者就有 QQ 账号，同时也有 MSN 账号，虽然 QQ 平常用得更多一些，但基本是用于工作上的沟通，MSN 更多地则用于和朋友的沟通，至于微信那就是后话了。因为很多外国朋友都没有 QQ，他们比较熟悉于 MSN，所以笔者大部分时候打开的是 MSN 软件。当然笔者不会重新注册 QQ 号，可是如果这种收费风波波及到笔者的话，笔者肯定会搁置 QQ，而只使用 MSN。至于工作上的沟通，则完全可以用更为主流的工作沟通方法——电子邮件。

当网友的谴责愈演愈烈时，很多媒体也站在了网友的一边，著名的《精品购物指南》就曾经指出，腾讯公司的QQ号码注册收费是在效仿当年的邮箱注册收费，这是急功近利的做法，必然会给自己带来很大的损失。《精品购物指南》不但发问指出了这一点，而且开始跟踪报道这件事情，他们的记者在PC端通过免费的方法根本不能注册QQ账号，提示永远是服务器繁忙，但是通过手机端付费之后注册就成功了，耗时不到10秒钟。记者就此进行发难，而腾讯公司官方的解释是："之所以服务器提示'注册失败'或者'服务器繁忙'都是因为他们在技术上进行了限制，主要是为了保证每天注册的用户量在一个合理的范围内。"而当时腾讯公司对QQ号码的注册进行大量限制，从之前的80万每天，到现在的20万每天。按照这种说法，那每天至少应该有20万人能够免费注册成功。这位《精品购物指南》的记者非常敬业，开始尝试24小时连续注册，结果一天下来没有一点收获。之后不久，腾讯公司的官网上就找不到免费注册的按钮了，只是看到收费注册的按钮，广大网民的反对声此起彼伏。

之后不久，腾讯公司官方承认已经推出了腾讯QQ的注册收费政策，这种做法是为了限制有人恶意注册，以避免给腾讯服务器带来不必要的负担。当时的确出现过恶意注册的现象，这种现象给腾讯公司带来了巨大的资源浪费。

虽然QQ开始注册收费，但是大部分的网民实际上已经有了QQ账号，所以这种收费对他们来说并没有任何影响。不过之后腾讯公司又推出了另外一项限制性服务，所有的QQ用户最多只能添加200个好友，这样一来，无论是之前的用户还是全新的用户都开始反对了。

当时腾讯公司内部的统计数据表明，推出注册收费的业务之后，腾讯QQ每天的注册人数在1万左右。如果每个人注册的平均费用为1元的话，那每天的收益是1万元左右，一个月也只不过获利30万元左右，再扣除给中国电信的无线网络服务费用和腾讯内部的一些开销，实际上并没有带来多少效益。不过一些业内人士爆料，腾讯公司的注册收费业务实际上每个月为他们带来将近千万元的收益。对此，腾讯公司官方回应此为"商业机密，不方便透露"。

这件事情在网上越炒越热，很多网友认为自己被骗了。虽然没有人会特别在意一两块钱的支出，但是他们无法接受被腾讯公司欺骗，认为腾讯公司欺骗了他们的感情。

很多网友指出，QQ之所以能够在中国站稳脚跟，一方面是因为其有着比较优良的性能，而更主要的是因为其可以免费使用。一旦收费的话，其则丧失了最主要的竞争力。果然，QQ注册收费这一业务推出后，其市场受到了很大的冲击，很多网友都开始对QQ失去兴趣。虽然QQ的用户流失没有到显著的地步，但是同类产品大量涌现，以及MSN迅速进入中国市场，都为腾讯QQ未来的发展埋下了祸根。

互联网行业的发展，或者说任何全新行业的发展都需要经历烧钱的过程，这本来就是市场的特性，也是互联网行业的特性。腾讯公司之所以能够在国内收获人心，就是因为马化腾深谙此道，他懂得烧钱的这个道理。现在当腾讯公司有了一定的规模和市场份额之后，突然宣布不再烧钱了，而是开始收钱，那些行业竞争对手就会介入进来。无论一家企业的产品多么优秀，免费对人们的吸引力会更大一些，在收费和免费之间，更多的人会选择免费。中国的互联网市场并不缺少烧钱的企业，从此时开始，中国IM市场的局势开始发生变化，已经不再有利于腾讯公司了，格局似乎要发生改变了。

如之前所说，在腾讯QQ注册收费的这段时间里，中国这片互联网热土上涌现出一大批IM工具。这些IM工具有些本就存在，只不过被腾讯QQ压制而没有足够的市场份额；有些则是全新的产品。现在这些IM工具纷纷抬头，开始抢占份额，他们的用户量也在不断刷新，这些都给腾讯公司以及马化腾本人带来不小的冲击。

就在这个时候，腾讯公司又掀起了波澜。

2002年5月，网络上盛传腾讯QQ将开始全员收费，也就是说所有使用腾讯QQ进行实时通信的用户都必须向腾讯缴纳费用。如果此传闻是真的，网民间肯定会引起轩然大波，也必然会给其他IM工具带来足够的发展可能，而国际上其他的IM工具进入并占领中国市场也将成为可能。相信彼时，腾讯公司的注册用户将会大幅度下降，总体的营业额会跟着下降，股价也会出现下跌的迹象。

此时问题的严重性已经暴露出来了，腾讯公司知道他们对QQ的价值做了错误的估计，也低估了网民们对IM产品的需求以及认知程度。当QQ丧失了免费这一核心的竞争优势之后，一部分网民会选择放弃QQ。网民们就算离开了QQ，同样能够找到其他IM工具进行沟通。

马化腾有点坐不住了，到市场部门做了一番了解。根据市场部门的统计，推出QQ注册收费的政策之后，公司的直接损失非常明显，数额非常巨大且在愈演愈烈。QQ注册收费带来的只是有限的收益，这种收益远远抵挡不住损失带来的问题。

马化腾并没有继续坚持注册收费，随即站出来向媒体作出澄清，表示腾讯公司并没有有全员收费的打算。很快注册收费的业务也停止了，免费注册的渠道再次被开启，继续为新的QQ用户提供服务。

2003年6月，借助庆典的机会，马化腾对外界宣布腾讯公司已经恢复了移动 QQ 的免费申请业务。两个月之后，腾讯 QQ 又能够免费申请了。

虽然这场风波很快就过去了，但是借这场风波的时机，MSN 已经进入中国市场，并且抢占了一定的市场份额，在这场抢滩登陆的战斗中，MSN 取得了一定的成功。大部分网友虽然没有放弃腾讯 QQ，但是中国的 IM 市场已经不再是腾讯一家独大。此时的马化腾更加明白，想要真正意义上占有中国 IM 市场任重道远，远不是推出一款软件就可以实现的。

或许这场 QQ 收费的风波成为腾讯公司永远的痛，但这是在所难免的。一个企业就如同一个人一样，在成长的道路上必然会作出很多错误的选择，只要这种错误的选择能够尽快结束，最终走上正确的道路，那这种错误就可以被接受。虽然腾讯公司作出的这项决定引发了一场 IM 市场的混战，好在它还是保住了自己大部分的市场份额。

与MSN的市场争夺战

任何国外优秀的企业想要进入中国以及中国市场，或者说想要服务中国人民，或多或少都会遇到一定的困难，都会显得"水土不服"。在上文中讲到，当腾讯公司错误地推出腾讯QQ注册收费的业务之后，很快国内IM行业中涌现出一批优秀的软件，而与此同时，国外的MSN大举进入中国。无疑MSN在这股浪潮中抢得到了一定的市场，一度占据中国IM市场老二的位置，但是MSN在中国真的站稳脚跟了吗？

未必。

或许很多人对MSN不是很熟悉，但所有人都知道微软公司，同时也知道那位著名的世界首富——比尔·盖茨先生。微软公司在比尔·盖茨的带领下获得了巨大的成功，尤其是微软公司的主要产品Windows操作系统，更是占据了世界上90%以上的市场，而且这种占领非常稳固，丝毫不能被撼动。

微软公司是1992年进入中国的，像其他国外大公司一样，他们首先选择进驻的城市也是北京，从这里开始了争夺中国市场的战斗。但是上文讲过，任何国外企业想要进入中国市场并没有那么简单，纷纷显出"水土不服"的疲态，微软公司也是这样的。当时微软中国经常更换负责人，从这一点也可以看出他们的拓张之路走得并不顺畅。

其实微软公司对中国的信息化作出了巨大的贡献，另外一家作出巨大贡献的是 International Business Machines Corporation，也就是 IBM 公司。IBM 进入中国市场的道路同样不顺畅，但是最终成功进入了中国市场，而且挖出了属于自己的"金矿"。微软公司则不一样，进入市场许久之后，还没有获得任何的利益，甚至连一点好评都没有，很多中国人使用着微软公司的 Windows 操作系统，却并不买账。从这个角度来看，微软中国的经营是失败的，是存在问题的。

了解了微软公司在中国的道路之后，我们再来看看微软是如何促进他们的另一项主要产品 MSN 进入中国市场的。其实早在 1995 年 8 月 24 日，微软公司就将 Windows95 和 MSN 绑定在一起发行。微软公司凭借的就是他们 Windows 操作系统在世界市场 90%以上的份额，所以 MSN 的推行具有很大优势。

2000 年 1 月，微软公司对亚洲 6 个国家和地区发行了新版的 MSN，使 MSN 进入的市场达到 33 个，并且具备 17 种不同的操作语言，不过这些国家中并不包括中国。而同年的 10 月，财大气粗的微软公司又一次耗费 8 亿美元的巨资更新了 MSN，并且在美国和加拿大同时宣布上市，而直到这一天，微软公司仍没有想过去争夺中国 IM 市场。

2002 年 10 月 24 日，微软 MSN 亚洲区总经理张慧敏在北京接受媒体采访时说："因为政策、文化和版本等多方面的原因，微软公司短期内并没有让 MSN 进驻中国的打算。"不过她希望中国大陆有能力的互联网企业能够和他们合作，显然她的这种呼吁主要是针对的马化腾的腾讯团队。

马化腾自然知道微软的强大实力以及微软公司 MSN 的优秀之处，但是他一直在回避这个问题，很明显他并不希望 MSN 登录中国市场，他知道对方一旦登录，必然搅乱中国 IM 市场，他一点都不想和微软公司正面冲突。

2002年3月,著名的打工皇帝唐骏出现了,他在微软的高层已经摸爬滚打了将近10年,这一天他接管了微软中国。在他之前已经有太多优秀的人才因为经营不利而纷纷下马,比如田本和、杜家滨、吴士宏、高群耀等,他们在微软中国总负责人的位置上努力了一段时间之后,最终还是选择了离开。唐骏在担任这个总负责人之后,开始积极想办法开拓中国市场。

一个月之后,另一位在微软工作数年的中国人罗川被任命为微软中国MSN事业部总监,从此MSN宣告开始向中国IM市场进军。

这个时候马化腾居然接到了来自海外的一封信,信是从微软公司总部寄出的,而寄信人就是比尔·盖茨,他的这封信让马化腾有点不知所措。其实信的内容非常简单,主要是感谢腾讯公司的腾讯QQ,因为正是这款软件的产生和发展让中国人以及整个中国市场认可了IM,而现在当中国市场已经接受了IM工具后,MSN就要进入中国IM市场了。

虽然马化腾读懂了对方信件的字面意思,但是并没有看懂其中包含的更多的深意,于是他拨通了老朋友美国人网大为的电话。更为通晓美国文化的网大为在看完这封信件之后对马化腾说,比尔·盖茨的这封信是最经典的美国式幽默,他的意思就是想和腾讯公司合作,或者说想彻底收购腾讯公司。

比尔·盖茨说得并没有错,的确是腾讯QQ让国人了解了IM工具以及IM市场。在这个认可的过程中,马化腾以及他的团队付出了非常大的艰辛,他们为能够得到今天的回报而感觉非常欣慰,而他们也得到了广大网友的认可,这是他们最开心的事情。现在微软公司看到了这块市场,如果对方直接进入中国IM市场,然后和腾讯QQ大战一场也就算了,但是比尔·盖茨居然开了这样一个玩笑,这让马化腾哭笑不得。不过这个时候他更加坚定了决心,一定要将中国IM市场的份额牢牢抓在自己的手中。

显然，这场没有硝烟的战争已经拉开了序幕。

马化腾随后让网大为帮忙写了一封回信，在这封信中他对比尔·盖茨表示感谢，但是他表示腾讯QQ能够做好中国IM市场，对于合作的事情只字不提。

其实就在微软公司进入中国市场之前，马化腾就关注到了这家企业，对对方的表现做了一定的了解。虽然对方是国际互联网的巨头，但显然在中国还没有找到赚钱的办法。而且马化腾同样对MSN做过了解，认为MSN主要是一种商务型的工具，其和邮箱紧密结合，虽然使用MSN的老客户对此依赖性非常高，但是这种工具更新比较慢，基本不能彻底适应市场，属于熟人之间的一种沟通工具。腾讯QQ的主要使用对象则是普通网民，而且其本身具有交友的功能，其所倡导的是通过网络拉近人们之间的距离，两款软件在使用上有根本的区别。

虽然微软MSN的使用范围要广于腾讯QQ，2000年就进入了33个市场，而腾讯QQ基本上只有中国大陆这一个市场，但是这一点恰恰是腾讯QQ的优势，因为MSN针对的是国际市场，无论是研发还是发布新版本，都要考虑全球市场。而腾讯QQ则不同，就是针对中国市场，主要研究的就是中国网民的上网习惯，所以更加有针对性，更加能够得到中国网民的喜爱。

在那个时候，马化腾已经开始习惯先发制人了，如果被动地等待对手，或许最终倒下的就是自己。这一次马化腾也不例外，他知道腾讯QQ在中国IM市场的缺陷就是商务领域，于是在2003年3月11日正式收购了Foxmail公司，这家公司的总负责人是张小龙。

早在1997年，张小龙就率队发布了Foxmail1.0版本的电子邮件，这款软件很快受到广大用户的喜爱，是那个时候唯一一个在国内可以和微软公司

Outlook竞争的电子邮件系统。

张小龙的团队发展到2003年，已经拥有成熟的技术以及高达500万人的高端商务用户群，这支团队加入腾讯团队，对后者而言简直是如虎添翼。马化腾的这次收购，就是为了弥补腾讯公司在电子邮件方面的不足，他也知道腾讯公司电子邮件业务的技术远远低于微软、网易和新浪，甚至基本没有什么市场份额。这一次他收购了张小龙的团队，一下子拥有了500万人的高端商务用户群，使得其市场份额一下子提高了很多，成为国内首屈一指的电子邮件服务提供商。

通过收购来弥补自己薄弱环节的做法在全球企业中屡见不鲜，这本就是最原始、最有效、最高速的提升自己业务能力的方法。

马化腾早就看到了MSN的发展势头，虽然对方当时还没有正式进入中国市场，但是马化腾在防范上还是先人一招。他早在2000年就针对MSN开始秘密研发一款全新的IM软件，也就是BQQ，待获得了张小龙团队的支持后，在2003年11月，经过一定的升级和优化，BQQ正式开始抢占商务市场。BQQ是一款性能齐全和稳定的商务型IM工具，主要针对的就是大型企业。企业只要安装了这款软件后，通过简单的设置就可以看到全公司的所有人员，企业的员工通过这款软件可以找到想要沟通的同事，为企业提高了工作效率，同时也避免了找错人的尴尬。这款软件几乎保留了腾讯QQ诸如实时通信、文本传输、语音传输、视频传输等所有功能，可以完美满足企业办公的需求。在当今的互联网市场中，这种软件比比皆是，很多企业都有自己的内部沟通软件，一般很多具有互联网性质的公司都会组织人力研发属于自己的内部沟通工具，但在2003年，这种软件的思路还是超前的。显然这一次腾讯公司作出了创新，而即便现在，类似的软件基本都是在模仿BQQ。

在同年的12月15日，腾讯公司再一次发布BQQ的最新版本，并且很快占领了市场。马化腾对这款软件相当自信，他知道深圳几乎所有的企业都是在使用这款软件，而且在这款软件的带动下，很多高层人员开始开通移动QQ业务，他们可以随时对企业的动态进行监管。就连海尔、金山这样的大企业都开始使用BQQ，而据说当时广东省交通厅也在使用BQQ，这些无不说明了BQQ的成功。

当然在看到BQQ的成功之后，马化腾并没有闲着，立即组织人力开始研发另外一款全新的软件——腾讯TM。这款软件同样是针对MSN的，不过和BQQ不同的是，其主要针对企业用户中的个人。这款软件同样以极快的速度进入了市场，并且取得了不俗的战绩。

从这一刻开始，腾讯公司拥有了针对普通大众的腾讯QQ、针对商务用户的腾讯BQQ、针对企业中个人用户的腾讯TM。

不仅在内部发力，为了取得和微软公司这场战役的胜利，马化腾更是得到了IBM、金山以及恒基伟业等软件公司的大力支持，他们形成了联合。在这一场针对微软MSN的战役中，马化腾率领腾讯团队做好了充分的准备。

不过微软公司的反应并不是很强烈，或许他们还在忙于其他的国际市场，总之对于马化腾的积极动作，他们反应平平，只有一位负责人曾经不痛不痒地说，他们一直在密切关注着腾讯公司的一举一动。至于什么时候结束这种密切关注而进入实质性阶段，微软并没有表态。不过和MSN之间的这种消耗战使得腾讯公司内部充满了压力，对此马化腾表示，有压力就是一件好事，而且在市场中有一两个不相上下的对手同样是一件好事，这样才能够促进良性竞争。

在那个时候腾，讯公司做好了和微软公司争夺中国IM市场的准备，显然在这场争夺中还是马化腾笑到了最后，腾讯公司继续牢牢占据着中国IM市场。

还有一场纷争等着腾讯 QQ

前文讲到，腾讯公司和微软公司在抢夺中国 IM 市场的争夺战中，占据了足够的优势，尤其是在气势上，腾讯公司展现出的舍我其谁的气概，让很多人大呼过瘾。在互联网行业中，中国的企业一直处于被动的地位，这一次腾讯公司叫板国际互联网巨头微软公司，让很多国人拍手称快。

但是双方的竞争远没有结束，或许就像马化腾说的一样，正是有了这种压力和"虎视眈眈"，中国 IM 市场才有了良性竞争，这本就是一件好事，尤其是对于广大网友来说。

当时除了微软公司之外，已经有国际互联网巨头进入中国市场，并且成功占领了一席之地，比如 AOL 公司、雅虎公司。他们在进入中国市场之后，迅速体现了强大的实力，通过这些可以看出国际巨头早就看中了中国市场，进入中国市场只不过是个时机问题。要知道微软公司的实力并不比 AOL 和雅虎差，他们自然不会轻易放弃中国市场，而且微软在中国经营了这么久，怎么可能销声匿迹，相反他们的这种平静之下正在酝酿着一场巨大的风暴。

不过这些马化腾并不在乎，他是一个具有魄力的人。比起传统行业来说，互联网的这些企业家们显得更加具有年轻人的气质，他们是穿着牛仔裤和 T 恤上班的一群人，所以行事风格不能按照传统商业思维去看待。当年在和 AOL 大战的时候，马化腾明知道肯定会输，但还是有勇气和对方对簿公堂，最终是马化腾不胜而胜。这一次腾讯公司有着更大的把握，他们相信能够通过自己的能力占领中国IM市场。

像比尔·盖茨这么优秀的企业家自然也不会闲着，他的脑海中早就画好了一幅争夺的大图，他之所以没有着急发力，是因为有自己的想法。当时中国的市场都具有排他性，无论是其他行业还是新型的互联网行业，毕竟中国人受了几千年传统文化的影响，他们不能够轻易接受外来事物，已经习惯于自给自足。

虽然到了21世纪，人们的这种思维方式已经逐渐改变了，国人的产品远销海外或国外的产品进入中国市场已经成为一种常态，但是大部分中国人还是无法坦然接受。所以微软公司想要进入中国本就困难重重，显然中国本土的企业和软件要更有优势一些，哪怕IM工具是年轻人使用的工具。

另外，中国IM市场会被中国相关的部门进行监控，外国企业已经习惯了相对自由的国际环境，所以他们在这一点上也很难适应中国国情，这使得微软公司根本不能在中国大干一场，而如果耗费巨资开发适合中国人的MSN版本，似乎又有些得不偿失。

比尔·盖茨先生对腾讯公司以及马化腾本人做了一番了解，他知道中国的这家企业在短短几年里取得了举世瞩目的成绩，先后得到IDG以及MIH这些世界财团的风险投资，而在香港上市之后更摆出了世界企业的姿态。况且这家企业还曾经和AOL对簿公堂过，比尔·盖茨也了解到马化腾在这次官司中的卓越表现，这些都加深了他对这位中国年轻企业家的认识。

其实国外的企业想要进入中国真的不是一件容易的事情。当年雅虎中国想进入中国互联网市场同样遇到了重重阻力，即便其创始人之一的杨致远是一位华人，对中国市场有一定的了解，但企业进入中国之后还是显示出"水土不服"，且在确立了独立经营的战略方针之后，始终不能进入理想的经营状态。要知道杨致远在中国可是有着很高很高的赞誉，业界有过这样一段评价，"搜遍一部计算机的发展史，上面只有4位华人——前面是王安，中间站着王嘉廉和施振荣，新人就是杨致远。"通过这句话也可以看出杨致远在国人心中的地位，但即便是这样，雅虎中国在进入中国市场时同样不被国人买账。

当然，微软公司当时抢夺国市场中显得力不从心，主要和他们的理念有关系，微软公司向来财大气粗，已经习惯了一个人吃一块市场，所以来到中国之后就想100%吃下中国IM市场，但这怎么可能，毕竟腾讯公司已经经营了这么久，就算其他中国互联网开发的IM工具也不答应。在罗川这个更为了解中国的负责人担任微软中国MSN事业部总监之后，这种情况略微有了一定改观。罗川极力说服比尔·盖茨，让他放弃独立吃下一片市场的战略，而是通过和中国一家优秀的企业合作，从而联合起来对抗腾讯公司。

在得到比尔·盖茨的肯定之后，罗川迅速找到了上海联合投资有限公司。这家公司隶属于上海市政府，是一家实力非常强的投资公司。经过一番洽谈之后，双方达成了协议，以各占50%股份的分成合资创办了上海美斯恩网络通讯技术有限公司，罗川担任首任总经理。

随后在2005年5月26日，上海美斯恩网络通讯技术有限公司正式挂牌。罗川在经过3年的默默等待、微软公司在做了充足的准备之后，于这一天正式宣布MSN要进入中国市场，他们和腾讯公司之间的对抗正式拉开。很快这家"新"公司见诸于各大媒体的头条，而很多互联网企业也将这家公司看作需要重点关注的企业之一。

微软的这种全新的手法得到了互联网业界的好评，很多人认为微软这次很有可能吃下中国IM市场，之后很多企业纷纷要求加盟，而微软需要的加盟商有限，最终甚至采用竞拍的形式将末尾的公司淘汰。而最终能够和上海美斯恩网络通讯技术有限公司合作的企业有淘宝、东方宽频传播、赛迪、上汽集团、Englishtown、联众世界、指云时代等，甚至有传闻说这些企业都交出了上千万元的加盟费用。

这一次罗川棋高一着，因为他就是要通过这种方式不战以屈人之兵，他们首先就是要在信心上打击马化腾。

另外细心的网友会发现，这一次和罗川选择合作的企业几乎涵盖了财经、时政、购物、娱乐和教学等行业，通过这一点也可看出末尾淘汰的制度仅仅是一个表象，罗川早就对各个企业做了充分了解，而他对MSN最终渗透到中国IM市场，并且最终占据腾讯公司的领地充满了信心。

而在此之前的2003年3月25日，微软公司已经放弃了将MSN打造成IM行业领先软件的策略，开始着手发力将MSN打造成门户网站。在2003年，微软在MSN业务方面的确开始盈利，罗川功不可没。

如果说最开始IM市场的竞争只是这个市场的竞争，那么随着战役的升级，到了2005年，IM市场的竞争已经演变为综合实力的比拼，各家公司不仅通过IM工具进行竞争，而且更看重内容网站的建设。腾讯QQ毕竟有庞大的用户作为支撑，所以他们一进入战斗就显示出足够的优势。马化腾很聪明地将所有的业务都围绕着腾讯QQ展开，或许仅仅在IM工具的性能上，微软的MSN和腾讯QQ相差无几，甚至还要优于腾讯QQ，但是在整体上其根本无法和腾讯公司庞大的用户群抗衡。所以当MSN大举进攻中国IM市场时，虽然其超越网易泡泡等软件成为中国IM市场的老二，但是想要挑战腾讯QQ的领先地位，其还有很长的一段路要走。

一番竞争之后，腾讯QQ并没有退让，反而在和MSN的竞争中展现出足够的优势，这使得整个腾讯团队更加自信。不过马化腾始终没有骄傲，他在组织人力全面摸透市场的同时，开始对产品功能和服务项目进行调整，以期更加满足市场的需求。而此时马化腾的脑海中出现了一个更为大胆的想法，他决定进军门户网站，通过这个方面和微软公司展开一场声势浩大的战斗。

就在这场战斗升级的阶段，2005年8月18日，腾讯公司和IT世界网在北京共同组织了新闻发布会。在这次新闻发布会上，他们公布了双方的战略合作关系，同时发布了双方将联手打造"2005年度中国网友参与度最高IT产品评测"的活动公告。

微软公司之前和国内的多家企业进行了联盟，这一次马化腾就是在针对对方的这个联盟，这一次的回应非常有力。IT世界网在评测、导购和市场方面有着强有力的竞争力，此次马化腾并没有追求联盟的广度，而是看中了IT世界网在其业界的领先地位，正是这种深厚的实力促进了双方的合作，而这种合作将会是长久的。

知己知彼，百战百胜。

在这段时间，马化腾同样对微软MSN进行了深入的了解，从而不断调整产品的性能，比如简化了注册手续、提高了产品的安全性、优化了E-mail的注册等，这些调整使得腾讯公司的产品更具有优势。

而随后微软公司更是有大手笔，即在2005年10月12日宣布和雅虎公司签署了一项重要的协议，这份协议意义重大，其影响力不仅局限于IM市场。这份协议中表明，从2006年第二季度开始，微软的MSN和雅虎公司的雅虎通在全球范围内实现互联互通。虽然在中国IM市场腾讯QQ一家独大，但是在整个世界范围内，IM领域主要呈微软公司的MSN、雅虎公司的雅虎通以及AOL的ICQ三足鼎立之势，现在微软和雅虎在IM市场上取得合作，很有可能会对IM市场进行重新洗牌，重新定义IM市场的格局。而在合作之后，他们势必合作起来冲击中国市场，到时腾讯QQ的地位就岌岌可危了。

其实这种互联互通在中国也有先例，当时网易泡泡和新浪UC就实现了互联互通，也是想要通过合作对腾讯QQ的垄断地位发起挑战，但是两家的实力毕竟有限，他们的合作最终也不了了之了。好在是腾讯公司在和这两家互联互通的战斗中得到了一些经验，这些宝贵的经验让他们有了底气来面对更为强大的MSN和雅虎通的互联互通。

MSN和雅虎通互联互通的消息进入中国之后立即引起了轩然大波，当时国内大部分的IM工具都对腾讯QQ充满敌意，纷纷找到微软公司，希望能够加入互联互通的阵营之中，从而在这一场IM市场重新定义的过程中分得一杯羹。于是罗川经过一番分析之后，决定对这些IM工具的邀请照单全收，并且利用这些企业的加入，呼吁更多的中国IM行业企业加入这个阵营，从而形成统一的IM市场。在罗川的号召下，一大批IM工具加入到了这个阵营之中，他们也知道仅仅依靠自己的实力根本无法和腾讯QQ叫板，索性大家合作起来一起对付腾讯QQ。

一时之间，这种合作大有各大门派高手围攻光明顶的势头，马化腾虽然不是张无忌，但是他也有解救的办法。在了解清楚局势之后，马化腾找到了已经被孤立的国际IM另外一个巨头——AOL。

马化腾在中国IM市场充满信心，在腾讯QQ创立之初他就决定扛起中国IM市场大旗，现在面对这种"围攻"的局面，他丝毫不意外，反而显得更加淡定。他悠闲地站在办公室里，看着窗外的风起云涌，知道是时候对中国IM市场进行洗牌了。这次洗牌不仅能够稳定腾讯IM市场老大的地位，而且将会使局势更为明朗，让所有IM工具不能再有"非分之想"。

这就像是一个猴群,一旦有一只猴子成为领导之后,必然有其他的猴子不服气,如果经过一番战斗之后,这只猴子打败了其他的猴子,那么其领导地位就被确定下来了,成为猴群当仁不让的领导者。

任何环境其实都是一样的。

腾讯公司从来都没有放弃

2005年10月27日，腾讯公司在北京正式发布了腾讯QQ2005版。虽然腾讯公司发布了很多版本的腾讯QQ，但是这回是马化腾作为公司的CEO第一次为腾讯QQ举行新品发布会。

在2005年的这场新品发布会上，一直低调的马化腾在产品的发布上却显得非常高调，他这样做也是为了吸引人们的眼球，并且通过这次新品发布会展现自己的决心和信心。他相信在这场IM市场的争夺战中，腾讯公司能够笑到最后。而在这次新品发布会上，马化腾首次提出了一个IM标准的概念，他表示，中国的IM行业一直没有形成一个标准，现在就是腾讯公司为这个行业做标准的时候了，腾讯公司将全力制定和完善这种标准。

显然，马化腾是在针对微软之前形成的中国IM市场联盟。既然你能组织中国IM市场的联盟，那我就可以依靠庞大的市场份额制定行业的标准，双方在这一点上势均力敌，大家展开了一番全新的争夺。

在那个时代，马化腾就创造性地指出要以用户为中心，要用产品来说话。腾讯公司最新推出的腾讯QQ2005版设计非常人性化，而且在性能方面更加卓越，其服务的内容也更贴近中国网民。而在这一点上，微软公司的反应稍微慢了一些，因为他们迟迟没有发布适合中国网民需求的新版本，或许他们就是想通过原先版本的MSN"归化"中国网民，显然这种做法在具有个性的年轻人中行不通。

这个时候我们先来认识一个人。

上海人熊明华先后供职于 IBM 和 KTInternational 等国际大型企业，并于 1996 年加入微软公司，主要担任程序经理一职。他先后参与了微软公司内部多项重要产品的研发，其中就包括 Windows 操作系统等微软的根本性项目。熊明华的履历非常丰富，他长期在著名的国外企业工作，且在互联网业有一定的名声。虽然一直在外企工作，但是熊明华始终关注着国内互联网的动态，并且在找机会回到国内。熊明华在业余时间也会和国内的同行进行交流，并且时常回到国内举行一些演讲，他希望利用自己的知识为中国的互联网事业作出一些贡献。

2004 年，熊明华被微软总部委派到中国，其来到中国之后就创建了 MSN 中国开发中心，还负责制定了 MSN 在中国的产品战略。

不过到了 2005 年 12 月 22 日，这位微软的程序经理最终还是告别了微软公司，选择加入马化腾的阵营。熊明华加入腾讯公司之后担任首席技术官，主要负责提升公司研发战略规划和流程管理能力，并且负责管理公司平台研发系统部门，包括基础即时通信平台和大型网上应用系统等。

熊明华进入腾讯公司让马化腾非常开心，而他也给予了熊明华最高规格的待遇，让其进入腾讯公司最核心的管理层。熊明华本就是技术出身，其和张志东一起主抓技术工作，而马化腾也非常有创造性地设置了双 CTO 的编制，由张志东和熊明华一起管理。

马化腾对熊明华的认识很透彻，他知道对方是一个项目管理经验非常丰富的优秀人才，他的加入自然会给腾讯公司带来非常丰厚的国际经验，而腾讯的产品也开始进入国际先进水平，这就是他破格提升熊明华为公司 CTO 的原因。

此时的熊明华也和马化腾、张志东、陈一丹、许晨晔和曾李青一样成为腾讯公司最核心的管理层人员之一。马化腾极力引进熊明华目的很简单，就是为了有力地回应微软公司。但是这次引用没有什么后顾之忧吗？

让我们先来看看2005年7月，也就是马化腾引进熊明华之前发生的一件事情。

李开复是微软全球部门副总裁，但是在2005年7月的一天，Google公司突然宣布任命李开复为Google公司的全球副总裁，以及中国区总裁，全面接管Google公司在中国的所有业务。就在这份任命的同时，李开复向比尔·盖茨提出了辞职申请。比尔·盖茨对这件事情非常生气，一纸诉状将李开复和Google公司告上了法庭，指控他们违反"竞争禁止规定"，并且要求他们作出赔偿。但是经过5个月的周折，三方最终达成了庭外和解。

这一次熊明华又被同行业的公司"挖了墙角"，而且是正在和他们进行全力竞争的公司，难道微软公司以及比尔·盖茨本人没有什么举动吗？

要知道，在那个时候微软公司的人才流失情况还是比较严重的，熊明华的问题变得非常敏感，马化腾居然在这个时候引进对方的这位战将，难道没有什么法律上的禁止吗？事实上腾讯公司对熊明华的引进，的确没有任何法律上的问题，虽然微软公司对此非常生气，但是也没有办法通过法律阻止对方。

微软公司虽然人才流失了，但是他们的步伐并没有停止。像微软这样的巨头企业，旗下的人才比比皆是，虽然少了熊明华非常可惜，但还不至于到没有办法工作的境地。

2006年7月13日，在推迟了3个月之后，微软公司和雅虎公司实现了互联互通，也就是说现在 MSN 和雅虎通公用一个 IM 平台，而这个平台的注册用户达到了惊人的 3.5 亿，显然这才是全世界最大的 IM 平台。

MSN 和雅虎通的互联互通之后，腾讯 QQ 还是受到了一定的冲击。MSN 和雅虎通主要的用户群依旧是城市中的白领，这些用户主要通过这个平台从事商务活动，而这部分用户才是最主流的用户，也是最有商业价值的用户。而 MSN 和雅虎通互联互通之后，不仅实现了 IM 平台的公用，而且在搜索、邮箱和门户网站等业务上也达到了优势互补，之前的用户在这次互联互通中都得到了实惠，而且越来越多的新用户涌了进来。

MSN 和雅虎通的这种做法不仅影响到了腾讯 QQ，就算是国际巨头 AOL 也受到了冲击，尤其是 AOL。因为 MSN 和雅虎通在中国总共的用户也没有多少，尤其是雅虎通，而这对于 AOL 在国际市场的打击则是空前的，AOL 有点坐不住了。

毕竟腾讯 QQ 对用户的定位还是在娱乐上，而 MSN 和雅虎通的定位则在于更有经济价值的商业人群，所以腾讯 QQ 的领先地位虽然不会被动摇，但是从产生的经济价值方面看，显然对方会超越腾讯公司。

马化腾对此不可能置之不理，他很快作出回应，腾讯不仅要巩固现在拥有的市场，而且要大力发展商务用户。他决定和中国商务公司取得合作。当时腾讯公司最核心的产品就是腾讯 QQ，他们所有的产品甚至所有的盈利都是围绕着这只企鹅，他当然不会选择和其他 IM 工具做互联互通。

虽然 MSN 和雅虎通显示出了强劲的势头，但是他们显得有点后劲不足。

当时 MSN 和雅虎通在国际市场风生水起，但是在中国市场中还是没有什么起色，虽然他们有一定核心的用户，可是他们在国内根本无法和腾讯 QQ 庞大的用户相较，也没有想出更好的应对办法。

随着中国移动公司在2007年6月推出中国移动飞信业务，这种软件又抢迅速占了一片市场，毕竟中国移动有着更为庞大的手机用户资源。

就在这种情况下的9月，和微软MSN进行合作的上海联合投资有限公司居然退出了IM联盟，至于其中的原因到现在还是一个谜。总之他们的退出立即从内部瓦解了这个联盟，看起来很快要开场的一场好戏就这样草草结束了。

尽管如此，马化腾还是没有掉以轻心，对MSN的用户组成结构进行了认真分析，然后开始一个个消灭MSN在中国IM市场的残余势力。MSN在中国IM市场的溃败由多方面原因造成，但其中最大的原因就是腾讯公司的坚持对抗。

经此一役，无论是马化腾、熊明华，还是腾讯的其他成员，都知道他们应该像MSN一样拓展商务平台，但却不可操之过急，这个过程还是需要一定的过渡，毕竟腾讯QQ的用户有家庭、学校和办公室三大部分，而不能只看办公室这一部分。

对于腾讯公司来说，能获得熊明华这样具有国际背景的优秀人才，他们如获至宝。在国际互联网界的背景让熊明华更加清醒地认识腾讯公司的处境，他看到腾讯公司虽然在中国IM市场占据主导地位，但是大部分腾讯QQ的用户几乎在同时还在使用着其他IM工具，也就是说腾讯QQ并不具备唯一性，用户对腾讯QQ的忠诚度并不是很高。MSN的用户则不同，他们几乎只使用MSN一款IM工具，虽然MSN的IM市场占有率较低，但是其市场价值却不可小觑。至于MSN在商务领域的主导地位，腾讯公司应该积极还击，而不是被动地接受挑战。熊明华还颇有建设性地指出，现在腾讯公司要做的不是抢夺MSN的既有用户，而应该想着如何获得全新的用户，然后将这些用户培养成忠实用户。

在这场战斗中，虽然腾讯公司让出一定的 IM 市场，也失去了一定的客户资源，但是这些都没有挑战到其统治地位，其依旧是中国 IM 市场的领军企业。而在经历了这些之后，整个腾讯团队变得更强，相信他们在未来的道路上会走得更坚决。

第八章　OICQ 到 QQ——模仿创新的滥觞

如果说当年的 OICQ 是对 ICQ 的模仿的话，那么随着腾讯公司和 AOL 公司的那场官司，那只跳动着的企鹅正式走上了创新之路。腾讯公司围绕着更名后的腾讯 QQ 推出了多项自己研发的服务和产品，在国内市场上一度出现多个模仿腾讯 QQ 的产品。从当年的模仿者到今天的被模仿对象，整个腾讯团队做了一次彻头彻尾的改变。

QQ 有了模仿者

腾讯公司在中国的互联网市场已经站稳了脚跟，并且不断壮大着自己的势力。在这个过程中，腾讯公司需要应对一个个棘手的问题，可见成功路上，战斗一直在继续。

众所周知，腾讯公司的主要产品腾讯 QQ 之前是模仿了美国 AOL 公司所收购的软件 ICQ，不过腾讯在模仿之后对产品进行了创新和发展，使 QQ 成为一款被中国网民认可的 IM 工具。虽然腾讯公司的创业多少带有一定的模仿意味，但是他们通过自己的努力和能力最终摆脱了模仿的痕迹，开始走上属于自己的创新之路。

就在马化腾和他的团队极力打造QQ品牌,极力在市场上提升QQ形象的同时,互联网市场中出现了诸如"QQ信使"、"QQ俱乐部"的网站,显然对方想借助QQ的知名度来谋取利益。通过一番调查,马化腾知道这些软件和网站都来自于qq.com.cn这个域名,马化腾的法律团队在私下和这家企业进行了接触,但是对方并没有终止侵权行为,于是马化腾决定利用法律武器来捍卫腾讯公司的合法权益。

经过一段时间的准备之后,马化腾就像当年的AOL公司一样,一纸诉状将qq.com.cn这个域名的拥有者、北京鼎扬科技的法人杨飞雪告上了法庭。

腾讯公司通过如下三项罪名起诉杨飞雪:一、被告公司推出的产品和腾讯公司推出的产品在性质、名称甚至包装上都有非常相似的地方;二、被告公司对域名qq.com.cn不具有合法的使用权和所有权;三、被告公司对域名qq.com.cn有恶意注册和使用的嫌疑。腾讯公司希望北京鼎扬科技的法人杨飞雪无条件归还域名qq.com.cn的所有权和使用权。

不过这场官司最后的结果却让所有人大跌眼镜。

早在1996年6月23日,杨飞雪就以北京鼎扬科技负责人的身份注册了域名qq.com.cn,甚至比腾讯公司注册的时间都早,这让腾讯公司非常被动。最终腾讯公司败诉,北京鼎扬科技继续拥有域名qq.com.cn的所有权和使用权。

不过马化腾是一个非常执着的人,他始终没有放弃要回这个域名的想法,况且北京鼎扬科技公司的确在侵犯着腾讯公司的利益。通过一番调查,马化腾获悉杨飞雪已经注册了全新的公司,之前的北京鼎扬科技公司已经注销,而域名qq.com.cn也被转给其一家下属公司经营和使用。域名注册有规定,如果公司注销,则之前注册的域名将不能继续使用。

经过一番努力之后，腾讯公司终于在2004年1月7日取得了域名qq.com.cn的所有权，域名注册商在这一日将该域名的注册方修改为腾讯科技（深圳）有限公司，注册人也成为腾讯公司的负责人。8天之后，到北京出差的马化腾向媒体公布了这一消息，从此域名qq.com.cn被腾讯公司所拥有。

在这一场争夺域名的斗争中腾讯公司最终取得了成功，但是在2个月之后，腾讯公司又陷入另外一场域名的纷争之中。

2004年3月17日，中国国家顶级域名.cn下的二级域名可以在全球范围内进行注册，腾讯公司听到这个消息后立即对qq.cn的二级域名进行申请注册，但是10天过去了一点消息都没有。后来他们才知道这个域名在开放的那一天就被别人抢注了。

注册这个域名的人叫刘志勇，在黑龙江省的通信局工作，他是通过一家叫商务中国的机构进行注册的。马化腾认为QQ的产品已经在腾讯公司的不懈努力下终于取得了一定的规模，这其中包含了太多腾讯公司团队的汗水和心血，而这个品牌也是在他们的努力下才有了今天的规模，所以qq.cn被腾讯公司注册才是合理合法的。

腾讯公司找到了商务中国，不过商务中国指出，早在.cn的二级域名开放之前，刘志勇就已经注册了qq.hl.cn这个三级域名，依据中国互联网信息中心（CNNIC）相关规定，刘志勇有优先获得qq.cn的二级域名的权利。商务中国认为自己是按照中国互联网信息中心的相关规定办事的，并且刘志勇先生并没有推出任何类似于QQ的产品，所以他的注册行为并不是恶意的。

最终马化腾还是没有获得qq.cn二级域名的所有权和使用权，但他并没有妥协，只不过将目光放到了qq.com这个国际二级域名上。因为他知道刘志勇并不存在恶意的行为，就算这个二级域名暂时在他的手中也没有什么威胁。

而qq.com就不同了，这个域名到底在谁的手中，马化腾并不清楚，国际二级域名的注册早就开放了，而这个域名也早就被别人注册了。

1995年，美国一位叫罗伯特·亨茨曼的程序员注册了qq.com的二级域名，他也不是恶意注册，因为那个时候腾讯QQ根本就不存在，甚至还没有ICQ。罗伯特·亨茨曼之所以注册这个域名，只不过是为了自己的艺术网站，但随着艺术网站的失败，罗伯特·亨茨曼也离开了软件行业。随后他将这个域名以200万美元的价格挂在网上出售，因为价格实在高得离谱，所以10年过去了，这个域名也没有卖出去。

马化腾的团队很快就了解到了这个情况，虽然腾讯公司此时具有一定的规模，但是200万美元的价格还是太高了，而且花这么多钱去买一个域名让马化腾很纠结。此时网大为又出现了。

网大为算得上是腾讯公司的贵人，当年腾讯公司苦苦找不到投资商，已经到了没钱可烧的境地，网大为的出现为腾讯带来了一位真正的投资商，这个投资商很快解决了腾讯公司的发展问题。现在当马化腾想要收回这个qq.com的域名，面对200万美元的天价时，网大为又出现了。

网大为得知整个情况之后，胸有成竹地承诺一定会给马化腾一个满意的答复。网大为是一个非常聪明的人，他并没有通过域名交易机构进行洽谈，因为他知道无论如何这个域名都属于罗伯特·亨茨曼，一旦罗伯特·亨茨曼知道腾讯公司现在的规模，恐怕价格就不止200万美元了。网大为以个人的身份找到罗伯特·亨茨曼，表示自己想要开一家个人网站，现在非常喜欢qq.com这个域名，反正亨茨曼已经不用这个域名了，还不如将这个域名转卖给他。两人在接下来的交谈中非常愉快。当初罗伯特·亨茨曼将域名挂在网上标价为200万美元纯属娱乐行为，他自己也知道这种价格肯定没有人会买的。在和网大为的交谈中他也感受到了对方的诚意，于是在一番商议之后，他最终以10万美元的价格卖给了网大为。随后通过一些手续和费用，腾讯公司花费11万美元获得了qq.com这个域名，拥有了该域名的拥有权和使用权。

马化腾得到这个国际二级域名之后欣喜若狂，从此腾讯公司再也没有了后顾之忧，开始全力着手产品的研发和改进。

其实对于一家公司来说，注册域名是非常重要的事情，尤其是互联网公司。马化腾因为没有处理好这些问题，所以才有了这么多麻烦。马化腾也知道域名的争夺让他吃尽了苦头，而此时他也明白了利用法律武器保护自己的重要性。从这一天开始，腾讯公司便积极寻找属于自己的法律人才，并且在公司内部成立了专门的法律部门。

没有一家企业能够随随便便成功，要想获得成功必然要遭遇来自各方的挑战。有些挑战是能够轻松应对的，有些挑战则充满了艰难，这是每一个创业者、每一个拥有魄力创业的人所必须面对的。

马化腾和腾讯公司的磨难结束了吗？不！

现在成了别人的模仿对象

不可否认，马化腾主导的腾讯公司迈出的第一步依靠的就是模仿，他们的 OICQ 就是对 ICQ 的模仿，甚至有人认为其就是 ICQ 的中文翻译版。马化腾自己也承认，企业在创立初期的确模仿了很多。但是在日后的发展中，腾讯公司逐渐摆脱"山寨达人"形象，开始走上自主研发的道路。有趣的是，随着腾讯 QQ 的成功，越来越多的人开始模仿腾讯企业的产品，腾讯展开了维权之路。

陈寿福出生于 1980 年 10 月，是福建人，2004 年 6 月从北京理工大学光电工程系毕业。陈寿福可以说是一个软件天才，大学毕业之后选择留校任教。2001 年，他开始关注腾讯公司和腾讯 QQ，并决定对 QQ 进行改版，同年，其完成改版并命名这款软件为珊瑚虫版 QQ。很快这款软件就可以在网上免费下载了，其与腾讯 QQ 相比，去除了广告功能，增加了 IP 显示功能，对于广大用户来说使用起来更加方便了。

腾讯公司对这位极具软件天赋的陈寿福真是又爱又恨，双方进行了协商，陈寿福答应不再更改腾讯 QQ，并且关闭珊瑚虫版 QQ 的下载。可是仅仅过了 1 年，陈寿福又一次对腾讯 QQ 做了修改，并且重新推到了网络上。最初因为手段高明，腾讯公司并没有发现这款软件，但是随着这款产品的用户增加，腾讯公司还是发现了，并认为这款软件同样存在对腾讯公司的侵权行为。

2006年8月20日，腾讯公司对陈寿福提起诉讼，北京市海淀区人民法院受理了这起诉讼。腾讯公司认为，陈寿福的行为已经构成了不正当竞争，是违法行为，侵犯了腾讯公司的合法权益。腾讯公司要求陈寿福停止侵权行为，而且要公开道歉，并赔偿一定的经济损失。

12月20日，北京市海淀区人民法院经过审理后作出判决，判定陈寿福没有经过腾讯公司同意擅自发布珊瑚虫版QQ属于侵权行为，要求其立即终止侵权行为，并且要支付腾讯公司经济损失10万元。不过法院认为，腾讯公司起诉陈寿福"不正当竞争"证据不足，不能成立。

原告和被告都能接受这次判决结果，双方也都希望低调处理这件事情，所以这件事情就这样圆满解决了。本来陈寿福已经接受了法院的判罚，也关闭了珊瑚虫版QQ网站服务器，可是不久之后又重新打开，用户同样可以通过网络免费下载这款软件。面对这种行为，腾讯公司再一次起诉了陈寿福。

陈寿福最初在网络上发布免费的珊瑚虫版QQ完全是因为兴趣，说得"高大上"一点，就是为网民们提供方便，但是随着珊瑚虫版QQ人数的不断增加，很多广告商看中了这片土地，希望能够和珊瑚虫版QQ合作，在客户端的界面上做一些小广告。

当时珊瑚虫版QQ的用户数量非常大，其广告费用自然很高，陈寿福基于这种诱惑，一再尝试打开软件的下载。而且在法院判决之前，陈寿福已经和一些广告商签订了合同，如果终止合同的话，那么他就要支付高额的违约金，为了逃避违约金，他索性冒险打开服务器继续支持下载和使用。

2007年，腾讯公司再次向深圳市南山区人民法院提出诉讼，认为陈寿福通过腾讯公司的官方网站下载了QQ软件，通过一番修改之后将修改后的版本发布到网络上供网友免费下载，从而获取一定的利益。他的这种行为对腾讯公司造成了巨大的损失，腾讯公司要求陈寿福对此作出赔偿。

这一次，腾讯公司没有心慈手软，深圳警方在这一年的 8 月 16 日将陈寿福抓捕归案。

2008 年 3 月 20 日，陈寿福和腾讯公司对簿公堂，深圳市南山区人民法院作出了审理。陈寿福的律师指出，陈寿福没有对腾讯公司的产品腾讯 QQ 的源文件进行修改，只是增加了一些功能而已，所以他的行为不构成侵权。最终南山区人民法院对此案作出如下判决：陈寿福因为不正当竞争以及侵权行为被判处有期徒刑 3 年，并且处以罚金 120 万元人民币。这起案件在社会上引起了很大的反响，很多网民认为陈寿福的珊瑚虫版 QQ 只不过是对腾讯 QQ 进行了一定的改造，这种改造是为了方便用户，他在这款软件同样付出了努力和心血，不应该对他处这么重的惩罚。但法律就是法律，从法律的角度来看，陈寿福的确违法了，而且他是在第一次判决之后再犯，不管他的初衷是为了方便广大用户，还是为了谋取私利，毕竟他的行为对腾讯公司造成了一定的损失。法律是公平的，腾讯公司侵犯 AOL 的时候，腾讯公司需要接受处罚，这一次当有人侵犯了腾讯公司的权利，同样要受到法律的制裁。

陈寿福被判刑对整个互联网行业和法律行业产生深远的影响，在这起案件之前，侵犯知识产权只被视作民事案件，但随着陈寿福被判刑，这种侵权行为已经上升为刑事案件，这说明整个国家对知识产权的保护又上了一个台阶。

其实在那段时间，模仿腾讯公司产品的人或公司远不止陈寿福。

当时有一个名为"飘云团队"的组织也在模仿腾讯 QQ，但是看到陈寿福的下场之后，他们很快就发出公开声明，表示将停止对 QQ 软件的开发，并且表示永远不会再研究。随后他们在不同的场合表明，研究 QQ 软件的确会对腾讯公司带来很大的损失，单广告这一项每天就达到10万元左右，而且这个数字随着研究的深入还会不断变化。他们担心有一天会引起腾讯公司的注意，他们可不想和陈寿福一样被判入狱。这样的团队是有良心的团队。其实任何团队凭借自己的专业知识，只要肯努力，就能够开发出全新的产品，不管这种全新的产品能不能在市场上站稳脚跟，能不能改变腾讯QQ一家独大的局面，但至少他们的行为会得到网友们的肯定。

2008年，还有一个组织在研究腾讯QQ，他们很快就发布了一款彩虹版QQ。这款软件的开发团队是由51.com的负责人庞东升投资组建的，这款软件的负责人是庞静。彩虹版QQ对腾讯QQ做了一定的改良，增加了一些实用的功能，所以在上线的当天就受到了广大网友的认可。腾讯公司也注意到了这款软件，之后他们对51.com的庞静本人发出了口头警告，但是对方没有理睬。

同年11月24日，腾讯公司借助技术优势，向所有彩虹版QQ的用户发布了一条消息，声称彩虹版QQ是非法外挂软件，要求用户们共同抵制这款软件，要不然腾讯公司将停止相关的服务。51.com公司对这条提示依然置之不理，继续发布彩虹版QQ，同时对腾讯公司的提示做了回应。11月26日，51.com公司的负责人也发表了公告，声称彩虹版QQ是根据国家法律发布的合法软件，腾讯公司根本无权干涉。

好大胆的51.com公司！

我们且先来了解一下51.com公司。

51.com公司本身拥有足够强大的开发团队和投资方，他们和腾讯公司之间的竞争已经有很长时间了，他们每次推出类似于腾讯公司的产品之前，都做了足够的准备。他们咨询了相关的法律人士，知道他们的行为并没有明显触犯中国的法律。而且51.com公司收罗了一大批腾讯公司的离职人员，所以其无论是效仿还是二次开发都拥有先天的优势。

51.com公司对腾讯公司的警告置之不理，继续加快了研发的步伐。而庞东升最厉害的一点就是，懂得如何从腾讯公司内部挖取人才，这种做法不仅瓦解了腾讯公司，而且壮大了自己的实力。要知道51.com公司内部有很多优秀的软件开发人才都是腾讯公司的旧将，而51.com公司从腾讯公司"挖墙脚"在行业内已经是不争的事实，也是一个公开的秘密。庞东升对此也没有遮掩，他自己也说："51.com公司这些年以及未来的几年都是在和腾讯公司拼市场，我们要做到全方位的竞争，在这一点上我们绝对不会转移目光。"

面对这种情况，马化腾有点坐不住了。这一次他同样选择拿起法律武器来保护自己公司的合法利益，于是腾讯公司组织一个团队开始搜罗证据，准备起诉51.com公司。但令人意想不到的是，一向态度强硬的庞东升突然做了让步，在12月16日的公开声明中表示，51.com公司将放弃继续开发彩虹版QQ，这个项目将被无限期搁置，公司的整个业务也会作出重大调整，他们决定重新接手之前的基础工作。不过他表示，51.com公司之所以作出这种决定，和腾讯公司没有任何关系，并不是受到腾讯公司的影响，而是因为受到国际市场的影响。庞东升同样是个雷厉风行的人，很快就解散了原先的开发团队，并且真的结束了彩虹版QQ的研发工作，只不过之前的彩虹版QQ改名为彩虹，继续在网上工作。

庞东升的这种做法让很多人始料不及，不管是不是如他所说的受到了国际金融危机的影响，而非腾讯公司的影响，但是他果断的决定还是引起了广大网民的猜想。很多人认为不管51.com公司所开发的彩虹版QQ是不是自己研发的产品，总之其已经在模仿腾讯QQ，应该算作腾讯QQ的一种外挂软件，而且这款软件附属在腾讯公司的服务器上，显然给腾讯公司的服务器带来了严重负荷，属于资源的占用，再说，51.com 公司已通过彩虹版 QQ 获得了腾讯公司的客户资源，这种做法已经触犯了法律。不过不管怎么说，庞东升很快结束了这种行为，也宣告了这场纷争的落幕。

　　从互联网行业的模仿者，到互联网的被模仿者，马化腾以及他的团队经历了很多。相信他们对此很自豪，有人模仿你，那就说明你有成功或者优秀的地方。无论如何，腾讯公司开始了漫漫长路。

Q 币到底是什么币

上文中已经讲过，腾讯公司推出的一些收费业务除了注册收费被诟病之外，其他诸如 QQ 秀等项目均被用户接纳。之前中国移动公司推出了移动梦网，此举帮助腾讯公司打通了收费渠道，用户购买腾讯公司的产品成为了可能。

互联网是一个以用户为中心的行业，腾讯 QQ 提供的多项服务均要收费，而每笔费用又不是很高，为了减少用户的麻烦，马化腾的团队思考良久，决定推出一种虚拟货币，这种充值性质的货币为双方减少了许多不必要的麻烦。

2002 年 5 月，腾讯公司正式推出了名为 Q 币的虚拟货币。用户们可以通过手机缴费一次性购买大量 Q 币，而这种 Q 币可以在 QQ 的各项收费服务中使用，用来购买腾讯公司提供的网络服务内容。

马化腾深知用户的重要性，所以一方面和电信网络、网游公司以及网上银行取得合作，一方面和多家网吧、邮局以及报亭取得合作，这样做就是为了最大限度地便于 QQ 用户购买和使用 Q 币。

腾讯公司正在一步步将人们从现实拉到网络中，这一次腾讯公司拥有了能够在 QQ 平台流通的虚拟货币，用户一次性购买 Q 币，就可以随时购买腾讯的任意网络产品或服务，如 QQ 音乐、QQ 游戏、QQ 宠物等等。随着腾讯公司的不断发展，Q 币的操作模式已经不仅局限于网上购买，腾讯公司推出了一些实体产品，比如购买饮料或饰品可以赠送Q币，或在产品包装中增加抽奖环节，而奖品就是Q币这种虚拟货币等等。

虽然Q币在腾讯公司的发展中起到了重要的作用，但也带来了一些小麻烦。

2006年是不安分的一年，中国互联网又发起了一场激烈的讨论，当时很多人认为一些虚拟货币甚至有可能冲击到实体货币，对现有的货币体制有影响，而此时的虚拟货币基本上就是Q币。这场论战不仅局限于互联网行业内部，很快在社会各界引起了巨大的反响，很多人支持虚拟货币的出现，认为这本就是在虚拟世界使用的货币，根本不会对现实社会带来任何影响。虚拟货币本就是虚拟社会必然的元素，既然虚拟社会都能够被人们所认可，那为什么要去质疑虚拟货币的存在呢？但还是有一部分人对这种产品进行抵制，指出在中国只有人民币才是合法的货币，任何形式的经济活动必须以人民币作为最终的计算货币，而虚拟货币的结算根本就是一个违法行为。

马化腾在深入了解了市场之后指出，当时的QQ产品已经是一件多元化的产品，腾讯公司之所以推出Q币，就是为了方便用户结算，只不过是为了建立更加合理和方便的网络服务收费渠道，这种行为只不过是腾讯公司内部推出的经营方式，和外界没有任何的关系，更不要说违背中国的法律了。当时世界范围内的互联网企业推出虚拟货币屡见不鲜，而国内的一些网络公司和网络游戏公司实际上也都推出了属于自己的虚拟货币，比如说盛大的盛大元宝、新浪的U币、网易的POPO币等等。只不过这些都没有成为风口浪尖上的产物，没有人指出来罢了。这一次马化腾以及腾讯团队又成为风口浪尖的人物和团队。

很多80后和90后对"超级女声"这种选秀活动非常熟悉，在超级女声推出的时候，腾讯公司和主办方在一些项目上有过合作，而一些QQ用户为了支持自己所喜欢的参赛者，纷纷通过购买Q币进行刷票，该行为让腾讯公司获利不少。在社会上这种行为褒贬不一，当舆论开始讨论虚拟货币时，自然会将Q币放在首位。

事实上，虚拟货币只不过是虚拟产品和人民币之间的一种交换媒介，严格来说只不过是一种商品，其一旦离开特定的场合和产品根本就没有任何实际价值。比如，对一位80岁从来不上网的老人家来说，你给他再多的Q币也一文不值，还不如一壶茶有价值。所以，虚拟货币不可能对现实的货币体制形成冲击。

但是一些反对者坚持认为虚拟货币或者说Q币具有一定的使用价值，进而举例指出已经有人在网上利用Q币进行网络赌博，Q币已无形中促成一些违法行为的产生。

腾讯公司也发现了这些违法行为的存在，并积极关注这些行为，还建立了专门的应对部门，同时表示一定会按照国家的法律对这种行为予以打击。腾讯公司想要创造的是一个健康的网络平台，在这个平台下所有腾讯公司的用户能够健康地享受服务，而这种想法不能被一些别有用心的人钻了空子。

不过，赌博这种行为在世界范围内屡屡出现，难以禁止，中国每朝每代都有赌博现象发生。说是Q币滋生了违法行为，这种说法显然欠妥。真正意义上的赌徒，与其通过人民币购买Q币来进行赌博行为，还不如直接通过人民币，何必多此一举。看待任何问题本就应该从两个方面来看待，Q币的推出或许有一定的负面影响，但其初衷以及主要的作用是正面的，有利于用户享受腾讯公司提供的服务的，从这一点上来说，Q币的推出是有必要的。

关于Q币等虚拟货币的使用，很快中国人民银行的相关负责人也发表了声明，Q币等网络商家推出的游戏货币，根本不具备国家规定的虚拟货币属性，国家关于虚拟货币属性的定义是：电子货币、磁卡、网银等虚拟形式。这段声明也就表明了Q币等虚拟货币的合法地位，其存在和使用都是不违法的行为，如果国家想对虚拟货币进行管制，也应该是通过文化娱乐部门进行监管和约束，不能通过法律手段剥夺其存在的权利。

虽然Q币风波就这样过去了，但是这件事情让马化腾心有余悸，因为收费渠道一直是他最为头疼的问题，现在好不容易找到一个最合适的解决办法还差点"夭折"了。如果Q币的存在被定义为违法，最终被国家责令取缔，那腾讯公司之后的发展就存在问题了。还好事情没有朝那个方向发展，腾讯公司这一次同样化险为夷，成为最后的胜利者。

因为有了和AOL公司的那场官司，很多人认为这场关于虚拟货币违法的讨论是马化腾以及腾讯公司一手策划的营销活动。谁也不知道这是真是假，这个疑问也困惑了我好久，而当我在腾讯大厦见到马化腾先生时，这个问题似乎得到了解释。就算是腾讯公司或马化腾策划、导演的一场剧又如何呢？腾讯公司一路走来，风风雨雨这么多年，多少风浪都经历过，这只不过是诸多风浪中的一个而已。这些已经都不重要了，而腾讯公司继续能为广发网民服务才是关键，才是广大网民以及腾讯公司、马化腾所愿意看到的。

积极打击网络犯罪

腾讯公司推出的 Q 币在短时间内解决了用户付费的问题，横在腾讯公司以及马化腾心头的一大问题解除了。整个 QQ 平台以及腾讯公司的发展都趋于良好，公司的效益也得到了很大程度的提高，可以明显看到各种软件和服务的交易量都在提升，腾讯 QQ 的用户量在稳步增加，普通用户对腾讯 QQ 的评价也越来越高，很多发烧友更是因为有珍贵的 QQ 号码或一套精美的 QQ 秀而感到自豪，他们乐意在这个方面付费。腾讯公司想要打造的虚拟世界似乎已经有了雏形，一切的一切似乎都在朝着良好的方向发展，但此时又出现了新的问题。

很多网民都经历过 QQ 好友号码被盗的情况，之后就会收到该好友发来的虚假信息。前段时间笔者的一位好友 QQ 号被盗，对方发来了借款的信息，但是数额并不大，这就让笔者产生了怀疑，因为笔者这位朋友收入还不错，就算是急用钱也不会借这种小数字。在纠结中，笔者拨通了这位好友的电话，笔者还没有说话，朋友就告诫说："如果我的 QQ 给你发送什么信息千万不要相信，我的 QQ 号被盗了！"

在此之前，腾讯公司对 QQ 的保护不是很严格，这使得一些不法分子在利益的驱使下铤而走险。

盗取 QQ 号码也需要一定的技术手段，但是对从事软件开发行业的人来说，这种盗取实在是再简单不过了。通过采取技术手段，一些不法分子盗取了很多QQ号码，而且这种盗取手法非常隐蔽，普通的QQ用户很难保护自己的QQ号码。随着盗取QQ号码的情况泛滥，一种更简洁的盗取方法——木马盗取QQ号码程序出现了，这种方法操作起来非常简单，已经不需要任何的技术，就算是不具备任何计算机常识的人都可以通过这种软件盗取别人的QQ号码，一时间盗取QQ号码几乎到了无法控制的地步。

马化腾当时也发现，几乎每天都有上10万个QQ号码被别人盗取。犯罪分子通过这种盗取获得一些不法所得，而他们的获利使得更多人眼红，于是又出现了新的不法分子，就这样，这个问题变得越来越严重。

当时不法分子盗取QQ号还不是给QQ好友发骗取钱财的信息，更多地是想盗取其中的Q币。

虽然每天被盗走10万个QQ号码和腾讯公司每天的注册量比起来不算什么，但是被这些不法分子盗走QQ号的肯定是能够给腾讯公司带来实际效益的用户。一般来讲，这些不法分子都盯着那些愿意通过Q币支付费用，并且不断充值的用户。这样一来腾讯公司就有点坐不住了。

这种盗取QQ号码的风潮严重损害了腾讯公司的利益，而且对腾讯公司的声誉也造成一定影响，如果这个问题始终得不到解决，那么腾讯公司同样会失去网民的心。虽然腾讯公司也推出了帮助网民找到QQ号码的服务，但是QQ号码被盗的情况太频繁了，腾讯公司没有足够的精力去帮助所有网民，更何况这本就是治标不治本的行为，长期下去，腾讯公司的存在都受到了威胁，于是马化腾决定果断予以还击。

马化腾所采取的还击主要分为两个部分：首先他们通过法律大力打击这种盗取行为，还积极提高网民们的法律意识；其次他们通过技术手段，开始提高QQ本身的密码保护功能。

在这件事情上，国家法律部门也作出了回应，2006年初，面对互联网上屡禁不止的盗号行为，国家开始大力整顿，全面打击这种违法乱纪的行为。马化腾的技术团队也积极配合国家有关部门，整个打击行动取得了一定的进展。

2006年1月13日，深圳市南山区人民法院开庭，作出国内第一例QQ号码被盗案件的判决。被告人曾智峰和杨医男伙同好友盗取QQ号码达200多个，他们的行为已经严重侵犯了公民的合法权益，并且扰乱了正常的市场秩序，两人以侵犯通信自由罪被处6个月拘役。

随着这次案件的审判和判决，国内展开了一系列打击盗取虚拟服务账号的浪潮，在这种强力的打击下，这种情况很快得到了遏制。

通过这件事情，马化腾意识到这个问题的重要性，于是组织技术团队开始研发QQ号码的保护方法。针对市面上出现的木马盗号程序，腾讯技术团队推出了专门的保护软件——QQ医生，这款软件可以进行升级，其中包含了修补系统漏洞、清理垃圾、检测插件等等服务；之后腾讯公司的技术团队还推出了密码验证程序，当QQ号码登录过于频繁或跨地区登录时都会提示需要输入验证码。

随后，腾讯技术团队推出了密码保护程序，这算得上一套完备的方案。新用户注册QQ号码时会出现3个问题，系统会并将用户填写的答案记录下来。因为问题具有唯一性，所以腾讯公司的相关部门根据这些问题可以判定持有者是不是注册人，一旦该QQ号码被盗走的话，注册人就可以通过这3个问题确认而找回。因为这项有力方案的推出，QQ用户的密码安全得到了一定程度的保护。

由于国家法律部门介入，加之腾讯公司自身提高了技术，很快QQ号码被盗的现象得到了有效遏制，腾讯公司也进入正常的运营轨道。但是犯罪分子对QQ号码的利用远未结束，一种新型的犯罪方式出现在人们的视野中。

2006年9月，大学生郝蕾蕾刚刚进入大学校门，这一天她和好朋友正在用QQ聊天，突然收到了QQ号码中大奖的消息，奖品是一台笔记本电脑。天真的郝蕾蕾以为是真的，于是按照提示电话询问了详细情况，并且按照对方的要求汇去了一笔费用，很明显这又是骗子的诈骗手段。最终警方介入，很快这伙通过QQ传播虚假信息，专门骗取钱财的犯罪团伙落入法网，但是对方将获得的财物大肆挥霍掉了，受骗人的财产无法全部追回。

警方的数据表明，仅仅2007年一年，利用网络进行犯罪的案件就有2000多起，涉案的金额达到惊人的百万元。因为网络的受众大部分都是财力较为薄弱的年轻人，所以他们很容易相信对方所谓中奖等信息，很容易被骗。

对于这种事情的发生，马化腾也显得束手无策。因为腾讯公司就算是利用技术对QQ传送的信息进行检查，但也不可能对每条信息都进行检测，这不仅涉及人力的问题，而且一旦对对方传输的信息进行检测的话，又涉及到了对方的隐私问题。

尽管如此，腾讯公司还是组织技术团队对这个问题进行研究。我们现在就经常能在QQ的各种系统信息中看到诸如"小心虚假信息，谨防上当受骗"的提示，一些信息检测的程序在马化腾的亲自督促下也很快完成并且上线。为了让广大网友尽快学习一些基本的网络安全知识，马化腾亲自制作了一套教学设备——QQ安全自习课，通过这套课程，我们可以看到常见的网络诈骗事件，从而规避各种诈骗。

马化腾不断提醒网友，虽然诈骗事件非常多，骗子也非常狡猾，但只要提高警惕，不贪图小便宜，那么骗子就没有生存的空间。比起普通用户来，广大商务用户对于 QQ 安全的要求就高了很多，如果他们沟通的工具有安全隐患的话，那对他们来说损失可是不可计量的。QQ 之所以没有彻底战胜因 QQ 注册收费风波而逐渐在中国 IM 市场占据一席之地的 MSN，就是因为前者存在一定的安全隐患。其实盗取 QQ 号码、通过 QQ 发布虚假信息这些都是小儿科的犯罪，很多黑客还会通过 QQ 监测使用者的聊天记录，此举对企业用户来说有着很大的隐患。

2009 年 6 月 25 日 17 点 40 分，对腾讯公司来说这是惊魂的一个时刻，马化腾也没有料到会发生这样的事情。这一刻，腾讯公司的大部分服务器受到不知名黑客的攻击，很多 QQ 用户发现自己不能够正常收发信息，退出就无法再登录。腾讯技术团队发现了这个问题，于是作出了"网络设备出现问题，目前处于抢修之中，会尽快恢复服务"的解释。这已经不是第一次出现这样的问题了，腾讯公司是中国互联网的领导者企业之一，其防黑客的工作其实已做得很不错了，但他们还是没能抵挡住顶级黑客攻击服务器。

对于任何互联网公司来说，最惧怕的就是这些技艺高超的黑客，他们凭借着高超的本领，可以轻松进入和攻击任何服务器。马化腾知道很多黑客攻击根本不会留下任何把柄，他唯一能做的就是改善自己的防护措施。

全世界互联网公司被黑客攻击似乎成为一种常态，这也成为互联网发展不可缺少的一部分。真正的黑客都是具有顶尖技术的人，他们的攻击行为一般都没有恶意，仅仅是因为兴趣。黑客最大的爱好就是发现系统的漏洞然后进行攻击，而互联网公司的工程师则努力发现系统中的漏洞，然后进行修补。他们之间的关系很微妙，这本就是一场永远不会落幕的争夺游戏。或许黑客们的行为在一定程度上也促进了互联网的发展，不过这些黑客一旦有目的地进行攻击，那带来的损失就不可小觑了。

对于腾讯公司来说，虽然他们取得了一定的成功，但是他们还不能躺在荣誉簿上睡大觉，他们要面对的还有很多很多，无论是网络犯罪，还是网络黑客，都是他们接下来需要好好面对的。

第九章 / 多管齐下——多样化跟风，深入化超越

中国互联网从来就没有真正意义上的老大，虽然某个企业会在某个领域取得十足的进步和成功，但也只是某一个领域的龙头，没有企业能够成为整个行业的佼佼者。显然，马化腾想让腾讯公司成为这样的公司，所以他从门户网站、搜索引擎、网络游戏、电子商务等多方面开始发力，他想锻造中国互联网行业中的佼佼者。

《QQ幻想》强势袭来

众所周知，网易的丁磊是一个智者，当看到网易无法成为门户网站市场老大之后，他开始转型做网络游戏。关于这一点，在后文中会详细介绍到。那么在中国互联网行业中，网络游戏的先行者到底是谁，而这个先行者又是不是行业的翘楚呢？

盛大可以说是中国互联网行业中最先开始做网络游戏的企业，这个名字永远和中国网络游戏连接在一起。

盛大网络的创始人陈天桥从小就是一个好孩子，老师眼中的他非常乖，

但是在接触了网络之后，他走上了一条斗士的道路。

1999年，陈天桥创办了盛大网络，从这一天开始他的战斗之路就从来没有停止过。之后他获得了风险投资，于2001年成功引进网络游戏《传奇》。在经过一年时间的拼搏之后，2002年盛大的净收入达到1.39亿美元。接下来的路途虽然艰难，但是有了这次成功作为铺垫，陈天桥更加自信了，带领自己的团队努力向前。

与此同时，丁磊还带领网易团队推出大型网络游戏——《大话西游》，并请来著名电影明星周星驰造访广州天河电脑城，为这款游戏代言。这款游戏的首个版本存在太多的bug，丁磊率领团队很快推出了它的升级版本，更是亲自参与这款游戏的营销，最终这款游戏获得了成功。

2003年，《大话西游》的用户达到55万人，丁磊在当年福布斯富豪榜上成为中国互联网首富，网易也成为中国第一家实现赢利的门户网站。

马化腾也是一个嗅觉灵敏的人，他在看到网络游戏的成功之后，也想进军网络游戏行业。早在2002年，马化腾就关注到了网络游戏行业。那个时候随着陈天桥和朱骏的成功，很多互联网公司都看到了网络游戏的重要性，只不过因为种种原因，很多企业没有参与进来罢了。

本书多次强调马化腾是一个做事低调的人，他想进入一个领域之前总是很低调的，从来不会大张旗鼓地告诉别人"马化腾要来了"。腾讯公司总是悄无声息地展开研究，就算是取得成绩也不会骄傲，反而会更加耐下心来研究，等到在这个领域站稳脚跟了，他们才会大张旗鼓地开始扩张。

这一次进军网络游戏领域同样是如此。

马化腾本想和张志东、曾李青一起前往美国考察网络游戏市场，但是张志东对这个领域没有任何兴趣，最后马化腾只能和曾李青两人前去。那个时候美国的网络游戏市场非常火爆，马化腾和曾李青经过一番考察后认为，网络游戏的市场前景非常大，这一次腾讯公司同样可以选择进入。回国之后，马化腾迅速成立网络游戏部，邀请王远担任总经理，全权负责腾讯在网络游戏方面的开发和运营。

2002年10月，王远经过一番调查之后做了一份研究性报告，其中结合中国网络游戏市场，以及腾讯自己的实际情况给予了一定的建议。在这份报告中，王远指出网络游戏看重的是游戏的生命力，而文化背景、技术支持以及界面的精度都对生命力起到至关重要的作用，如果单一追求某一方面很有可能丢失用户。而用户在使用游戏的过程中只会关注到游戏的新奇以及游戏的操作是否便捷，对于产品的广告宣传、厂家的知名度以及产品开发过程中的难易程度根本不关心，所以他建议在网络游戏的开发上，腾讯公司可以放眼于"新、美、快、稳"上。

一直到2003年初，腾讯团队也没有正式进入网络游戏市场，这让马化腾非常着急，眼看着其他企业在网络游戏市场异常火爆，他一直在催促着他的团队。公司每次的会议上，大家总是围绕着腾讯公司要不要进入网络游戏市场而讨论，显然这是在浪费时间。曾李青本就喜欢游戏，他和马化腾一起在美国做过考察之后，极力主张公司进入网络游戏市场；张志东则反对，他认为游戏开发是公司的弱项，而且自主研发的难度非常大，再者同行业中已经有走在前面的盛大、九城和网易，腾讯想抢占市场很难；陈一丹站在张志东的一边；许晨晔站在了曾李青的一边。整个局势呈现了2：2，每次关于这件事情的会议只能不欢而散，讨论了很久也没有任何进展和结果。

马化腾知道形势已经很紧迫了，他必须尽快作出决定。最终马化腾决定腾讯公司正式进军网络游戏市场，曾李青被委派到上海主要负责网络游戏团队打造的工作。到上海之后的曾李青迅速招兵买马，经过3个月的努力，腾讯公司拥有了一支具有规模的网络游戏团队。

为了赶上其他公司的步伐，该年5月马化腾和韩国的Imazic公司签订了合同，将该公司的网络游戏《凯旋》引进中国，成为中国唯一一家代理公司。Imazic公司开发的这款《凯旋》是一款全新的3D网络游戏，主题新颖、游戏界面精美，给予中国网民不一般的感受。腾讯公司推出这款《凯旋》之后迅速占领了一定的市场份额，他们的用户数量也在不断增加，好评率也非常高。

不过马化腾的动作还是晚了很多，虽然《凯旋》取得了一定的成功，但是根本不能撼动盛大、九城和网易的地位，对于这一点马化腾追悔莫及。在刚开始准备进军网络游戏领域时，腾讯公司一时丧失了方向，一直纠结于选择大型网络游戏还是中小型网络游戏。

对于这块市场，曾李青始终热情不减，在看到《凯旋》打开了中国市场之后，他带领网络游戏团队开发了一个小型游戏的平台，在这个平台上有多款中小型游戏，以供广大腾讯QQ用户玩，这个平台就是现在著名的QQ游戏。QQ游戏主要是为了娱乐，而且其中融合了多款棋牌类游戏，曾李青对此作出了巨大的贡献。在这种中小型游戏的平台上，QQ游戏同样有着强大的竞争对手，那就是著名的联众和中国游戏中心。不过以庞大的QQ用户为后盾，曾李青丝毫不担心，很快QQ游戏平台就得到了实质性进展。之后，曾李青又引入道具设计和虚拟形象的概念，让整个QQ游戏平台显得更加人性化，从此广大的QQ用户开始喜欢上了这个人性化的游戏平台。

在中国的网络游戏业，腾讯公司拥有自己独特的优势，那就是庞大的用户资源，他们可以凭借这些用户资源很快进入这个领域。当年马化腾拿着注册用户数到银行贷款屡屡被拒，就是因为人们没有看到注册用户的重要性，而今人们都意识到了"粉丝"的重要性。不要说马化腾想要进军网络游戏平台，我想有一天马化腾要开一家拉面馆，只要他懂得合理利用这些用户资源，同样能够成功，对于马化腾或者腾讯公司来说，现在最为宝贵的就是这些客户资源。

中国网络游戏领域虽然有盛大、九城和网易这样的巨头，但是一些中小企业纷纷垂涎这个市场，加上中国有庞大的人口基数，所以只要能够研发出吸引人的游戏，相信还是有一定市场的。而这些中心企业纷纷进军网络游戏行业必然会给盛大等带来麻烦。马化腾如果能够找准机会，在这个市场中分得一杯羹还是很有可能的。

2004年2月，打工皇帝唐骏加入盛大网络，而盛大网络在3个月之后的5月13日成功在纳斯达克上市。不过当时纳斯达克的股市低迷，盛大将上市的时间推迟一天之后，很快就暗淡挂牌。不过一向倔强的陈天桥并不气馁，表示虽然盛大上市的情况不是很好，但是盛大毕竟走上了一个更宽的舞台，在这种情况下盛大会更有前进的动力。

果然不出陈天桥所料，盛大的股票在7月开始上涨，涨势一发不可收拾。到了8月，盛大股价以72.7%的增幅稳居同行业股票榜首。

11月，盛大在收购美国的ZONE公司之后，对当初《传奇》的开发商韩国的Actoz公司实现了收购，这次收购更是彻底解决了之前遗留的版权问题。

这次收购在业内被传为佳话，因为此前在公司收购史上，还很少见过处于产业链下游的代理商最终收购了产业链上游的开发商的情况。

而之后陈天桥更是耗费20亿美元收购了新浪19.5%的股份，成为新浪最大的股东，从此陈天桥的收购之路一发而不可收拾，先后收购了北美、日本、韩国和中国的十几家公司。

腾讯在不断进步、盛大在不断收购，九城的朱骏也积极准备着抢占市场份额。美国的暴雪公司研发了一款名为《魔兽世界》的游戏，这款游戏在北美的市场已经取得了巨大成功，朱骏想拿下这款游戏的代理权。其实陈天桥也看中了这款游戏，两家企业在这款游戏上产生了竞争。

朱骏为了拿到这款游戏的独家代理权，在竞标的现场让自己的员工都穿上印有"50万"字样的T恤，这是当时中国在线游戏人数的最高纪录，这个数字是九城保持的。朱骏的这个做法最终打动了暴雪公司，他也是成功拿下了《魔兽世界》的中国代理权。两位网络游戏大佬的眼光都没有错，很快《魔兽世界》将九城公司带到了全新的高度。

2004年10月，九城也在美国的纳斯达克上市，股价从17美元飙升到25美元，再一次创造了中国互联网行业的奇迹。

这个时候的马化腾也刚刚带领自己的团队在香港上市，他的手中也有了大量的自由资金。当时正好召开"第八届中国国际软件产品博览会国产游戏发展论坛"，马化腾就向所有的媒体表示，腾讯公司接下来的主要业务是进军网络游戏市场，并且他们对此已经储备了足够的人力和物力，腾讯公司也会为广大的网友提供更优秀的网络服务。

当时曾李青所选拔的网络游戏团队已经有100人之多，其中包括网络游戏领域的各种人才，想要研发出一款游戏根本就不是难事。马化腾也表示，除了原有的中小型娱乐型游戏之外，他们还要开发大型网络游戏，甚至打算收购一些已经成熟的网络开发团队。

就在这个时候，中国企业界另外一个传奇性物杀回来了！

这个人就是著名的史玉柱。

史玉柱绝对是一个传奇，他的故事曾经被专门拍为电视剧。史玉柱最先进军互联网行业，后来进军保健品行业，但是因为一栋化为泡影的70层摩天大楼而宣告破产。2004年，史玉柱放下手中的"脑白金"和"黄金搭档"，正式进军网络游戏行业。马化腾并没有和史玉柱展开正面的冲突，而是选择了悄无声息地开发属于自己公司的游戏。

史玉柱进入中国网络游戏市场更是充满着戏剧性，据说他自己在玩网络游戏，玩了一段时间之后便发现了这个行业全新的经营模式。他认为有一些网友有着充足的时间，但是缺少足够的资金；另一些网友没有充足的时间，但是他们却有着足够的资金。既然这样，就可以将用户分为普通用户和VIP用户两种，这些普通用户可以通过在线时间来实现升级，而VIP用户则可以通过金钱来购买装备，同样也能够升级。

虽然史玉柱之前经历过破产，但是其还是比较"有钱的"，他一口气投资了2亿美元进入网络游戏市场。充足的资金将保证史玉柱又一次获得成功，就连媒体也评价说史玉柱不想成功都难。史玉柱对这个行业很了解，他表示只要有钱想要成功很容易，丁磊有30亿美元摆在那里，他的成功是迟早的事情。竞争激烈只不过针对那些实力不够雄厚的公司，假如一家企业耗费300万元开发网络游戏，他们不但没有足够的储备资金，而且本身已经勒紧裤腰带了，那他们怎么可能成功？史玉柱还按照自己的方式作出了总结：进军网络游戏行业，如果投资在500万元以下那成功的概率只有10%，如果投资能够达到2000万元，那么就不可能不成功。当记者问史玉柱如何看待这个市场的时候，他非常风趣地说："向丁磊、陈天桥致敬，向丁磊、陈天桥学习，向丁磊、陈天桥靠拢。"显然在进军中国网络游戏行业方面，史玉柱充满了信心。

2005年是中国网络游戏行业重新洗牌的一年。

盛大网络在经历了稳步发展之后开始出现颓势，他们所研发的全新产品

"盛大盒子"并没有得到预期的市场回报，而几个创造经济效益的项目都开始衰败，到第四个季度盛大已经亏得一塌糊涂了，居然亏损了5亿元。

而此时九城凭借着《魔兽世界》如日中天，广大网友疯狂喜欢着这款游戏，每一天点卡的收益就能达到140万元人民币，而九城自主研发的几款单机游戏也在欧美打开了市场，都取得了不错的成绩。

正像史玉柱所说的，丁磊因为有钱所以他取得了成功。网易2005年发布的第三季度财务报告显示，总体收入达到5720万美元，比上季度收入增长高达110%，而网游收益也达到4610万美元，占总体收入的80%。

马化腾此时也是"有钱人"。虽然这个市场变幻莫测，但是马化腾丝毫没有惧怕，毕竟这样的变幻他已经经历了很多次。

2005年6月，马化腾投资3000万元，经过2年的开发和研究，正式推出了网络游戏《QQ幻想》。这是一款多人在线的2D网络游戏，在整个游戏中构造了一个漂浮在空中的大陆，而其中洋溢着浓浓的中国风情。这个游戏将世界分为4个都市、4个村镇、4个迷宫，还有30余种怪兽形象。广大网友在这款游戏中拥有了全新的感受，这可以说是一款专门为中国人打造的游戏。

这一刻标志着腾讯公司正式进入中国网络游戏市场，《QQ幻想》推出之后很快受到了广大网友的喜欢。当时在中国市场上大部分都是国外引进的游戏，缺乏一款属于中国背景的游戏，这款游戏的进入正好填补了这个空白。

纷争中推出一系列网络游戏

2005 年是中国网络游戏领域重新洗牌的一年。

在这种大趋势下，马化腾的团队在自主研发还是引进国外优秀游戏的抉择中无法取舍，最终他们选择了双管齐下。他们一方面代理了国外一些优秀的网络游戏；一方面开始自主研发，最终推出了自己研发的《QQ幻想》。他们调整了自己的姿态，以最佳的状态进入了中国的网络游戏市场。

马化腾作出这样的决定同样思考了很久，他认为国外虽然有很多优秀的游戏，但是能不能适应中国市场还很难说，况且就算有一款优秀的网络游戏出现，国内那么多网络游戏公司蜂拥而上，在代理权的争夺中势必耗损太多的人力和物力。

代理国外游戏获得成功很容易，而开发商在其中的干扰也很多，比如最初陈天桥和韩国 Actoz 公司之间的版权纷争就是一个例子，这种模式的不确定性太多了；如果一味地搞研发，虽然版权属于自己没有任何纠纷，但是毕竟腾讯公司不是完全意义上的网络游戏公司，在这个市场上并没有足够的经验，根本无法和国际一流的企业抗衡，甚至无法和国内的一些优秀网络游戏公司抗衡。所以经过一番思考之后，马化腾带领着自己的团队决定将两者结合起来。

就在马化腾在苦苦寻找游戏网络游戏的时候，一款韩国的游戏进入中国市场，这就是到现在还很风靡的《地下城勇士》。而此时随着国外游戏在中国取得成功，很多企业开始蜂拥而上，都希望能够拿到这款游戏的代理权。马化腾这一次又选择了低调，他悄悄联系了韩国公司，并且对对方表达了自己的诚意，还将公司的实力摆在了对方的面前，韩方也认可了腾讯公司的能力。

12月15日，韩国公司正式宣布《地下城勇士》和腾讯公司合作，而就在这一天下午，腾讯公司和游戏开发商Neople签约，从此刻开始正式成为《地下城勇士》的中国代理商。很快这款游戏就得到中国广大游戏爱好者的热捧。

在进入中国网络游戏市场的过程中，马化腾一步一个脚印，步步扎实，显示了其卓越的运营能力。

签约了《地下城勇士》后，马化腾希望能够将这款游戏中国化，从而尽量满足中国游戏爱好者的需求。这款游戏很快掀起了中国网络游戏的又一个高潮，马化腾品尝到了代理的快感。当然马化腾并没有停止研发的步伐，在他的大力督促下，腾讯公司的一系列网络游戏很快上线了，《QQ幻想》、《QQ三国》、《QQ飞车》等在市场上均取得了不错的反响，马化腾也正是通过这一系列的动作宣告了腾讯团队的强势进入。

和强手百度之间的竞争

看到这里，很多网友都认可了腾讯公司的能力，他们除了成为 IM 行业的老大之外，在互联网其他领域的争夺战中同样表现卓越，在网络游戏、门户网站、电子商务等方面成绩显著。

马化腾敢于在互联网的各个行业发力，主要依靠的就是腾讯 QQ 的广大用户，当年这些都无法成为贷款抵押的注册用户，此时成为马化腾最大的财富。可以说是广大网友铸就了马化腾的成功，而事实上马化腾自己也认可这一点，很多场合他都表示自己想感谢的就是广大网友。

中国互联网的一代代英豪都是值得我们尊敬的人物，只不过本书重点介绍马化腾，所以将其他英豪的英雄事迹一笔带过。本书中提到或没有提到的所有互联网人才都是值得尊敬的，正是通过他们的努力，中国的互联网行业才能够发展到今日的地步，而且我们坚信中国的互联网会越来越好。

关于门户网站以及电子商务在后文中会详细讲到，此时我们要看看马化腾和另外一个中国互联网奇才、另外一个中国互联网领域的龙头老大展开的一番竞争。相信正是他们的这种良性竞争，才能够让用户拥有最优秀的用户体验。

2008 年，腾讯公司已经不可同日而语，他们在这一年拥有了每天 4500 万同时在线的注册用户，不过有关报告显示，他们的电子商务市场份额只占到了9%。很多网友都会感觉到好奇，为什么看着腾讯公司发展得很好，可是市场份额的占有率却这么低？其实不难解释，相信这个时候很多朋友都有过网上购物的经历，2003年中国电子商务迅速崛起，尤其是"淘宝"，正是马云带领着淘宝快速进入互联网市场，从而抢占了很大一块市场份额，到了2008年淘宝成交额更是占到中国电子商务市场的80%以上，成为中国最成功的电子商务企业。

这个时候的腾讯公司难道没有进军电子商务领域的打算吗？毕竟他们拥有这么多腾讯QQ注册用户。据统计，当时的活跃QQ用户已经达到2.73亿，凭借这个庞大的数字，其进入互联网的任何领域可以说都会成为一支强劲的队伍。其实腾讯2005年已经推出属于自己的电子商务平台——拍拍网，当然还有后来的QQ商城等等。但是马化腾理性地认识到腾讯用户几乎达到了发展的顶峰，之后发展规模上不会再有太大的起色，所以其要做的就是巩固现有的这些用户，以及稳固自己现有的阵地。既然现在马云的势头如此强劲，索性就让他去发展。

在这种成熟思想的支撑下，马化腾最终停止了拍拍网的进攻模式，而转为防守。关于腾讯公司在电子商务中的动作在后文中会详细介绍到。

此时的马化腾看中了互联网更为肥沃的一块土地。

马化腾建立的拍拍网、QQ商城虽然抢夺了一定的电子商务市场份额，但是毕竟没有形成和淘宝对抗的规模，甚至不如京东、当当、亚马逊中国、国美在线和苏宁易购等等。虽然他们有足够的用户资源，但是这一次他们还是输了，为什么呢？

马化腾认为他们缺少一款强有力的搜索工具，他的这种认识不是没有道理的。很多网友访问网站的习惯并不是直接输入域名，而是通过百度等搜索引擎进入想要访问的页面。一项数据统计显示，当时淘宝网大部分的流量都是通过百度的搜索链接带来的，虽然马云在这方面占了百度的"便宜"，但是他自己也知道借助别人的搜索链接还不如拥有自己的搜索引擎，于是他在收购了雅虎中国之后开始研发自己的搜索功能。

马化腾和马云的认识基本相同，所以在2006年3月2日，腾讯团队推出了自己的搜索引擎——SOSO，由此开启了腾讯公司运用搜索功能的时代。这个时候的腾讯公司变得更为多元化，这和当年马化腾制定的横向、纵向发展结合的想法是一致的，即打造一站式的用户在线平台服务。

而SOSO的上线，立即引起了百度的重视，毕竟在中国的搜索引擎行业，百度可是绝对的老大。当时百度就是中国最"厉害"的搜索引擎，虽然先后有太多的公司进行了挑战，甚至包括Google这样的世界级企业，但最终李彦宏还是带领着百度成为中国这个领域的翘楚。

这一次，百度为了对抗腾讯公司采取了非常创新的举动。

2008年2月20日，李彦宏居然公开招聘IM产品研发人才，而9天之后，百度自己的IM工具——Hi开始内部公测了。百度Hi的定位非常清楚，他们针对的就是腾讯QQ的软肋，他们在商务企业用户群中发力，从产品的研发到上线，直接能够看到百度公司的战略意图。在当时的市场环境中，我们无法肯定李彦宏的这种做法到底是真正要进入IM市场，还是通过这种办法围魏救赵，保住自己搜索引擎方面的优势。

其实李彦宏自己知道，百度Hi很难挑战腾讯QQ在IM市场的地位，同样他也知道，SOSO很难挑战百度在搜索引擎行业龙头老大的地位。但是互联网行业的竞争就是这样的，你打我一拳，必然也受我一脚。

百度Hi尚处于公测的时候就受到广大网友的关注，他们希望这款软件诞生，因为中国的 IM 市场平静太久了，他们希望能够看到这个行业重新洗牌。尤其是其他的互联网公司，他们很希望这两个巨头能够"两败俱伤"，因为只有这样他们才有机会抢占互联网市场的份额。

而这个时候的腾讯公司发展较快，他们已经完成了 QQ、qq.com、QQ 游戏和拍拍网的整体布局，开始了腾讯用户的在线生活蓝图。但是腾讯这 4 个平台之间的联系较少，有点各自发展的意思，这一点让马化腾非常着急。尤其是拍拍网完败于淘宝之后，马化腾急需找到办法让这 4 个平台能够迅速融合在一起，显然开发搜索引擎是聚合这 4 个平台最好的办法。

但令马化腾万万没有想到的是，他们的搜索引擎上市后不久，李彦宏迅速推出了百度 Hi，分明摆出了抗争的势头。此时的马化腾索性不再掩饰，直接表示自己要进入搜索引擎市场。

马化腾知道百度在中国最大的对手还是国际级企业 Google，后者虽然在中国叫好不叫座，但毕竟有着足够的技术和财力优势，要知道 Google 的技术团队和技术能力都是世界级的。他希望 Google 能够为 SOSO 提供技术支持，Google 公司也最终决定支持腾讯公司。在 Google 的支持下，SOSO 很快在网页、图片和视频等搜索服务方面尝到了甜头，SOSO 取得了 Google 最核心的技术支持，显然这些都为 SOSO 进入这个市场打下了坚实的基础。

其实广大网友都知道，百度之所以强大不仅仅是因为其搜索引擎方面强大，他们还拥有一些足够强大的产品，比如"百度贴吧"、"百度知道"，以及直接能叫板"维基百科"的"百度百科"等等。这些都是百度在中国主要的竞争力。

2003 年，百度产品副总裁俞军带领团队开发了百度贴吧，上线后不久就凭借设计的优良以及运营方面的技巧在互联网中取得了成功。2005 年又推出了"百度知道"，经过几年的发展就成为百度公司的核心竞争力之一。SOSO上线后不久，腾讯公司针对百度知道推出了腾讯问问，这款产品上线之后，还是借庞大的注册用户对百度知道构成了冲击。

虽然百度和腾讯的战斗格局已经拉开，但马化腾始终表示腾讯公司最终的目的是为了提供一个全方位的在线生活服务，而开发SOSO只是其中的一步，他们根本就没有想和百度展开竞争。他还表示腾讯公司发展到今天，通过SOSO已经变得更为强大，这款软件也得到广大网友的认可。SOSO是腾讯公司其他四大平台的枢纽，同时也是腾讯公司打造网络整体平台的一个标志。而马化腾在很多场合表示，SOSO的上线并不是宣告腾讯公司进入搜索引擎领域。

马化腾的这种表示是谦虚也好，还是另外一种运营手段也罢，总之广大网友都知道腾讯公司通过SOSO开始进入搜索引擎市场了。当一个企业在自己的领域取得足够的成功之后，其必然要拓展疆域，在其他市场中分得一杯羹。而腾讯公司需要一款搜索引擎将自己的四大平台联系在一起，从而为腾讯公司的用户提供一站式的在线服务。和百度争夺市场成为必然的偶然性，但是竞争在所难免，广大网友自然愿意看到这种良性竞争，只有存在竞争，这个行业才有可能发展得更好。

手机游戏的介入

手机游戏市场本来就是一个庞大的市场，作为互联网尖兵的腾讯公司不可能看不到这块大蛋糕。很快腾讯公司就推出了属于他们的又一个具有战略级别意义的产品——"天天系列"手游。

"天天系列"手游推出不久就获得了成功，对于此次成功，马化腾还是归功于平台。从2013年8月开始，腾讯公司推出"天天系列"手游，最初放出的是《天天爱消除》，随后在短短的两个月时间里，接连上线了4款游戏，如果算上那个风靡一时的《飞机大战》的话，其已经拥有了5款产品。

无论如何，腾讯公司这一次在手游上发力，绝对是找准了市场的命脉，很快大部分网友都开始接受这些产品，而更多的人在休闲的时候都会想到打开手机，然后玩"天天系列"手游。

腾讯移动游戏平台在2013年制定的KPI是20亿元，而2014年微信游戏平台的整体收入的目标是60亿元。根据腾讯公司内部放出的消息，2013年这20亿元的KPI指标全部由互动娱乐事业群承担，不过这个数字并不是微信一方面的KPI，其中包括手机QQ端承担的业务。

而根据一些互联网专家计算，2014年中国手机游戏市场的规模将会达到240亿元，微信游戏平台的收入将达到60亿元左右，也就是说微信占到了市场份额的25%。腾讯公司这一次的胃口同样不小，显然他们在拥有了微信这样一个庞大的平台之后，绝对会想要坐稳手机游戏老大的地位。

腾讯公司在自己的产品上不断优化，我们会发现之后推出的《天天酷跑》和之前的《天天爱消除》、《天天连萌》有着一定的区别，在变现力度上开始不断发力。根据一项数据统计显示，《天天酷跑》上线第一天的收入就达到500万元，当月的收入更是不可估量。

在游戏的整体设计上，《天天酷跑》增加了宠物和坐骑这两个部分，这两个部分就是用来收费的设计，道具和爱心之前是系统随机赠送，现在也不是了。

对于腾讯公司来说，《天天酷跑》的上线是一个转折点，前部分腾讯公司更看重的是游戏的推广和数据的积累，但是现在他们开始转变为收费赢利。接下来腾讯公司的手机游戏肯定会以收入为导向，而这种以收入为导向的战略会使得卡牌类游戏、QQ游戏平台的《欢乐斗地主》、《部落守卫战》等塔防游戏在吸金上显得更加凶残。

而在游戏开发的过程中，腾讯团队还是遇到了各种各样的问题，只不过最终这个战斗力强大的团队战胜了所有的困难，成功让游戏上线。

2013年春节期间，几乎所有的游戏开发都进行了1个多月的时间，《天天爱消除》也已经进入工作室级别的内测，腾讯集团内部的一些主要负责人也开始测试这款游戏，都很认可，在春节这段时间据说腾讯公司的多位高管都在玩这款游戏。

但是《天天连萌》的进度并没有达到要求，在开发了3个月之后才进入内测阶段，这个进度比预想的要迟了1个月。而且在产品内测的阶段，很多人发现这款产品无论是在手感、版本质量，还是开发等方面都存在着重大问题，产品根本就不具备可重复娱乐性，整体游戏的感觉很差，整个项目组对此却没有进一步发展的清晰规划。

负责人王晓明在经过一番了解后，认为项目团队的整体都很敬业，但是项目负责人的能力有限，而且对这个项目的重视程度不够，在研发的过程中也没有听取团队成员的意见，所以导致这款游戏出现了一些重大问题。随后这位项目负责人因为在能力和态度上都存在问题，最终被降职为普通策划。此时因为《天天爱消除》项目组进展得非常顺利，于是该项目的负责人同时接管了《天天连萌》。在重新开发的过程中，全新的团队对此非常认真，而且腾讯高管们也表示，做不好的话就调整，一定要调整到能够上线为止。

在腾讯公司的内部，无论是美术、产品还是技术等等专业线，都有属于自己的专业晋升渠道，但是如果某位员工想在整体公司层面获得提升，则需要一个很长的周期。现在的腾讯公司的规模已经和当年不能比，任何优秀人才想晋升本来就需要一个过程。

在手机游戏业务开展的过程中，的确有很多一线的员工勤勤恳恳地做事情，但是很难获得晋升的机会，所以逐渐他们的工作热情就有些降低；而之前有一些员工在得到晋升，进入管理层后，逐渐养成了一种很差的工作态度。对此王晓明很不满意，依他的意思，在整个团队中做管理层的人不能超过5人，其他的人都应该是深耕于技术的技术团队人才。

不过当时腾讯互动娱乐事业群的负责人任宇昕给予了各个游戏工作室足够的支持和授权，为了能够更好地推出属于腾讯公司的手机游戏，王晓明在2013年的春节之后开始重点建设这个团队的人才梯队机制。他将技术人员的职称分为助理、普通、资深、骨干、专家和首席6个级别，很快随着这个等级的划分，王晓明让各个专业线的负责人提报每个员工的专业等级。

也正是因为划分了这个等级，王晓明发现在策划领域公司缺乏足够优秀的人才，甚至连一个专家级别的员工都没有；在美术领域同样遇到了这样的问题；开发领域的情况稍微好一些。虽然当时的团队总共有100多人，策划和美术的领域就有60多人，但是却没有真正符合要求的人才。

手机游戏的另外一个负责人姚晓光曾经说过，其实开发一个大型的多人在线角色扮演类游戏，应想方设法丰富游戏的玩法。这种游戏就好像一部长篇小说，在情节上一定要吸引人，一定要做到跌宕起伏。而美术在其中的作用也非常关键，他们就像在写首歌一样，每一个字都要做到提炼和修改。显然这个时候腾讯公司所依赖的这个手机游戏团队缺乏真正意义上的人才，为了能够更好地完成工作，他们决定展开招聘工作，吸引优秀的人才来到这个团队，将这个团队打造成一个合格的手机游戏团队。

随着这个团队的逐步完善，腾讯团队的确拥有了可以依赖，也值得依赖的手机游戏团队。

公益事业的发力

腾讯公司在发展过程中显然是多元化的，其不但进军互联网的各个领域，而且在核心团队的带领下全力打造公益事业。对于公益，马化腾同样将之视为事业的一部分，他表示不仅腾讯公司要做公益，而且还会带着广大网友一起做公益。

马化腾并没有吹嘘，对于公益事业，腾讯一直在路上。

在社会责任方面，腾讯公司以及马化腾本人的确做得很不错。马化腾是一个具有强烈责任感的企业家，他甚至将公益事业看作腾讯集团发展的战略之一。在2008年汶川大地震、2010年青海玉树地震之后，马化腾本人作出了巨额的捐助。他个人从外界得来的奖金全部作为慈善用途，其中就包括深圳市长奖的100万元。马化腾表认为，善应该是一种常态，在他的带领下，腾讯团队以及腾讯的广大网友更是以公益为己任。

2013年的元旦，这看起来非常平常的一天对腾讯公司来说有着不同的意义，在这一天，腾讯公益的网络募捐平台筹得善款的总额突破1亿元。这是国内第一个筹款超过1亿元的网络平台，显然网民公益时代已经到来，就像马化腾说的一样，他要和所有的网民们一起做公益。

而此背后是腾讯公益以及广大网友的鼎力支持，传统的公益事业已经和新型的互联网结合在了一起，开始走出一条全新的道路，公益元素已经进入广大网民的生活。

腾讯公益网是2007年6月16日上线的，而这一天是腾讯上市3周年纪念日，那个时候腾讯公司已经成为中国市值最大的互联网公司。在10天之后，腾讯公司成立了中国互联网公司的第一家公益基金会，也就是我们熟知的腾讯公益慈善基金会。腾讯的这种做法是有很大意义的，因为其所搭建的这个平台，拓展了公益事业的范围和影响力，公益传播的形式也开始变得多元化，更容易被年轻的人们所接受。

而且在公益事业上，马化腾并没有关起门来，2010年腾讯基金会发起成立了腾讯网友爱心基金，进一步展示了腾讯公司慈善领域的平台价值。腾讯公司在自己做公益的同时，又推动壹基金、爱德基金会、青基会、扶贫基金会等多个知名公益组织入驻。腾讯公司还推出了腾讯月捐的项目，在这个项目中每个网友每月只需捐出10元钱，通过这种小额持续的捐款形式，让更多的人参与进来，同时网友还可以通过腾讯公益网选择自己愿意支持的公益项目。

截至2013年1月，腾讯月捐项目孵化出两个超过1000万元的公益项目，一个是爱德基金会的网助成长——e万贫困孤儿助养行动，一个是壹基金的网圆童梦——壹基金困境儿童关怀项目。

2011年初，《福布斯》发布了"2010年中国慈善基金榜"，其中腾讯公益慈善基金会获得了非公募基金会的头名，成为中国非公募慈善基金会的典范。

现在，在腾讯网络捐款平台上，平均每月都会收到网友捐助的善款220万元。

对于腾讯公司大胆做公益的行为，很多网友都不置可否。一家企业有一定规模的时候就应该更有社会责任心，更应该站出来帮助需要帮助的人，况且这种慈善也能够提高自己品牌的知名度。不过很多业内人士指出，马化腾这样耗费大量的精力去做公益，不见得是一件好事。

作为一家互联网公司，对于已经习惯了和用户打交道的产品经理来说，接手公益项目，在企业、公益项目和用户之间做好权衡，的确是一件很难的事情。那么该如何将这三者结合起来，从而产生最大的价值呢？腾讯公益慈善基金会秘书长翟红新有自己的认识。腾讯无疑在中国的互联网领域是成功的，他们有着足够的经验。翟红新认为只要将这种经验用到慈善公益事业中，不断培养用户的公益习惯，让这成为一种生活的必需，就好像每个月需要剪一次头发那样。现在腾讯公司就是要培养网民们每个月进行捐款。这是一种互联网的思维，用这种思维做公益，显然是以用户的需求为导向的，这和腾讯一贯的理念是一脉相承的。

翟红新介绍说，最初腾讯公益并不是很成功，虽然有腾讯网庞大的流量作为支撑，但是刚开始来访问腾讯公益网的人并不多，2007年一年筹得的善款还不到1万元。2008年1月，我国南方大部分地区出现冰冻灾害，腾讯公益网迎来第一次转折，在一周内就获得善款10万元人民币。但这只是一段时间性的，等过了一周之后又开始下跌。

这个时候，马化腾认识到，在很多人的心目中慈善和救灾是一个概念，有突发灾害性事件发生的时候，很多网民都愿意站出来进行捐款，但是等到灾害过后，就很少有人想到捐款了。捐赠还没有成为一种常态，还不是中国网民的生活习惯。马化腾认为腾讯公益网需要对广大的网民进行引导。也正是在这种情况下，在做了很久的思考之后，腾讯公司决定尝试一种全新的捐赠模式，于是在2009年5月，腾讯月捐上线了。

我们打开腾讯公益网就可以点击打开腾讯月捐的页面，网友们能够看到腾讯月捐，其所支持的公益项目也能够看到。除了在网页上展示公益机构和公益项目之外，这里还展示了每个公益项目捐赠的快捷链接，用户在选择了所要支持的公益项目之后，就可以在网页的指引下，通过自己的QQ号码或者财付通账号轻松实现捐赠，整个过程操作非常简单。

因为腾讯公司有着扎实的互联网经验，马化腾明白，必须将用户体验作为腾讯月捐上线之后的首要问题去解决。腾讯月捐指定10元为通常捐助额，这种设置和腾讯QQ的多数增值服务是一致的，符合网民们的互联网习惯，也不会给网友们带来门槛压力。结合互联网社区新媒体的传播，腾讯公司开始倡导"每月十元，透明公益"的公益理念，让网民们养成每个月捐赠10元的习惯，从而带动公益的普及。

最初，大部分的网友还是没有捐赠的习惯。后来，大部分网民愿意捐赠，但就是无法将这件事情当作每个月一定要做的事。

在这种情况下，腾讯公司准备借助自己公司的产品和腾讯公益结合，从而带动网友们进行捐赠。腾讯公司当时旗下有腾讯QQ、QQ会员、QQ空间、QQ彩贝、腾讯微博、QQ秀、财付通以及寻仙等等网络游戏，腾讯公司通过这些产品来吸引广大网友进行捐赠，并专门为腾讯月捐设计了一套爱心图标、月捐徽章、"爱心果"礼包、彩贝积分、微博勋章、爱心QQ秀、财付值、游戏礼包以及公益成长体系等系列在线公益产品。

凡是参与腾讯月捐的网友在开通月捐并且完成第一笔捐赠之后，其QQ客户端的迷你资料卡的图标首位就会是一个点亮的爱心图标。腾讯公司产品的用户大多数是青少年，腾讯公司为他们搭建了一个虚拟的网络社区，在这里有免费的互动平台，每个人凭借着QQ号码和别人区别，一旦网友QQ号码的图标中出现了爱心图标，对于他个人来说是一件非常开心的事情。

不仅如此，和爱心图标相似的还有月捐徽章，也是附属在网友身份上的一个标识。月捐徽章和月捐的项目一一对应，网友们参与哪个月捐项目则就相应点亮哪个徽章，参与的项目越多则点亮的徽章也就越多。

广大网友应该还记得，2009年腾讯公司的QQ农场很是风靡，为了促进慈善事业，腾讯公司当时推出了爱心果礼包。在QQ农场的基础上，凡是参与过腾讯月捐的网友，都可以根据捐赠数目的不同而获得QQ农场奉送的爱心果礼包，礼包中不仅有可以自己耕种的爱心种子，还有可以送给好友的爱心种子。这个产品的也是为了激励广大网友参与到腾讯月捐中去。

另外，参与到腾讯月捐中的网友在成功开通月捐之后就可以获得10彩贝的积分奖励，并且这种奖励可以累积，也就是说，开通的月捐项目越多，获得的彩贝积分就会越多。

再就是腾讯公司借助财付通也开始宣传捐赠，网友在实现了月捐之后就可以获得50财付值，而累积到200财付值就可以成为财付通会员，从而享受财付通的会员权益。

参与腾讯月捐的网友可以根据参与金额的不同领取不同的寻仙游戏礼包，这种礼包分为当月礼包、3月礼包、6月礼包和12个月礼包，均作为对广大网友持续捐赠的奖励。腾讯游戏也是腾讯公司重要的组成部分之一，腾讯公益推出的时候，两者进行结合，为公益捐赠提供更好的方法。

最后，腾讯公司还推出了一个公益成长体系，其中包含8个阶段，阶段标志会随着爱心积分的增长而发生变化，从而对应公益成长的8个阶段，成长标志在迷你资料卡图标的首位。这种爱心积分通过一个特定的公式进行计算，单月捐赠的项目越多，获得的爱心积分也就越多，成长体系也就随着爱心积分成长越快。公益成长体系的出现同样是为了激励网友进行长期捐赠。

腾讯公司推出的这七款武器主要是为了满足捐赠者的心理感知，从而在广大网友中表现自己有责任感的正能量形象，从而获得足够的尊重和认可。

显然随着时间的推移，现在参与公益活动、积累爱心积分、点燃爱心徽章等等行为，已经成为亿万网友的时尚做法。腾讯公司公益慈善基金会秘书长翟红新表示，腾讯公司正在进一步加强社交新媒体网友关系链的应用能力，同时不断地探索和整合腾讯公司的产品、服务和SNS技术，以吸引更多的网友参与到公益事业中来。

卷四　战略篇

——布好互联网的大局

第十章 / 谋篇布局——看似无章法，处处踩先机

腾讯公司经过十多年的发展，在中国的互联网行业中站稳了脚跟，而且成为中国最大的 IM 工具拥有者，更为恐怖的是其拥有至少 6 个亿的注册用户。正是因为拥有这样庞大的注册用户数，腾讯公司才能在中国互联网的各个领域中分到蛋糕，他们的每一次扩张都是严密策划后的结果，他们誓将打造中国互联网行业的 No.1。

也要做门户网站

中国的门户网站有领军企业吗？

有。

1996 年陕西小伙子张朝阳从境外获得了第一笔风险投资，两年之后的 1998 年搜狐诞生了，从这个时候开始中国有了门户网站的概念。那个时候新浪也有了一定的起色，丁磊更是在免费邮箱中获得成功。也就是从这个时候开始，中国的门户网站三巨头搜狐、新浪和网易逐渐崭露头角，他们在新闻、论坛、邮箱、搜索等方面逐步发展，而且成绩显著。

中国的互联网行业起步比较晚，截至1998年12月31日，中国网民也不过210万人。即便当时中国大地上有很多互联网公司，但是这些公司大多在国外取得了一定的风险投资，所以他们并不着急发展，而是通过烧钱的行为为自己聚集网络人气。他们没有积极探索盈利模式，反正他们手中有足够的资本去消耗。他们的这种行为让一些传统的经济学家大呼不可思议，但是他们并没有停止自己疯狂的行为。

1999年7月12日，叶克勇率领中华网在美国纳斯达克上市，掀起了中国互联网公司在境外上市的热潮。很快搜狐、网易和新浪也纷纷在美国纳斯达克上市，与之同时，更多的风险投资来到中国互联网界，正是资本的介入使得中国互联网行业得到了发展。

2000年之前中国大地上的门户网站举不胜举，不过在经历了互联网寒冬之后，大多数网站都被"冻"住了，就连不可一世的AOL都受到了影响。恐怕现在很少有网友知道263网站了，当年其号称中国第四大门户网站，但是它在这场寒冬中没有挺过来，逐渐销声匿迹，淡出了人们的视野。搜狐、网易和新浪3家门户网站坚挺了过来，但是他们的股价也开始下跌，这就迫使他们不得不寻找全新的盈利模式。

2001年3月，新浪看到了广告的重要性，于是尝试在自己的网站上做广告。

2001年，网易组织人力开发了《大话西游online》，开始进入网络游戏市场。

与新浪、网易不同的是，大部分网络公司开始缩减开支。他们想得很明白，既然短时间内无法找到合适的盈利模式，索性就降低开销，这也是另外一种"盈利"。

2001年末，有好消息传入中国的互联网行业。短信业务成为拯救互联网寒冬的一把"火"，于是互联网公司纷纷展开这项业务。2002年7月，搜狐公司就宣布自己通过短信业务而翻身，并且已经开始盈利，随后新浪和网易也纷纷盈利，短信业务俨然成为互联网企业的"救命稻草"。

不过，马化腾的IM业务在这场寒冬中似乎没有受到影响。关于此，前文中已经做了太多的介绍，马化腾率领下的腾讯团队凭借多种盈利模式已经开始盈利，但是这些都没有成为马化腾炫耀的资本，他始终勤勤恳恳地工作，带领着自己的团队向前冲。直到2004年，腾讯公司在香港上市，互联网的其他同仁才反应过来，原来当年只有几个人的公司现在已经发展壮大了。

马化腾在看到短信业务的成功之后，也不甘于人后，开始组织人力开发这一部分的业务。他也不想只局限于IM市场，决定向门户网进军。

经过这场寒冬之后，中国的互联网开始蓬勃发展，已经一改当年的颓势，新浪、搜狐和网易都寻找到了盈利模式，各自凭借着雄厚的资本走出一条属于中国互联网行业的成熟道路。

门户网站的发展本就是大势所趋，腾讯团队在这种趋势下也改变了自己的思路和发展模式。腾讯QQ只不过是为广大网友服务的一个项目，现在随着公司的壮大，仅仅依靠腾讯QQ是远远不够的，他们需要更多元化的发展，应建立一个综合的服务平台，给网民提供大而全的整体服务，这也是未来腾讯公司发展的道路，腾讯公司必然走向门户网站。

马化腾认为时机已经成熟，机遇已经到来。在他的手中拥有庞大的用户资源，腾讯公司在IM市场的成功换来了足够的资本，在接下来的发展中他们基本上不会为钱而担心。当时马化腾还提出了一个全新的概念，将QQ和域名qq.com看作纵坐标和横坐标，以此建立腾讯公司未来的发展模式。腾讯

QQ需要纵深，需要挖得更深，做到极致，让所有用户拥有无以伦比的体验；而qq.com则是横坐标，目的就是打造门户网站，是一个综合的平台，力求大而全。只有这两个坐标结合在一起才是腾讯公司未来发展的方向。

经过这些年的摸爬滚打，腾讯公司已经完成最为重要的一步，很多企业都是通过烧钱来吸引更多用户或网民的，但是对于腾讯公司来说，随着腾讯QQ的发展，他们已经拥有了非常庞大的用户群，他们要做的就是用好这些用户。

为了进军门户网站，马化腾对门户网站进行了深入分析，认为门户网站的好坏重点在新闻，新闻才是门户网站的核心价值，如果新闻力度不够的话，会直接影响到网站的质量，以及网站的客户流量。但是腾讯的团队之前着力打造腾讯QQ，所以在新闻方面他们几乎是"门外汉"，他们的旗下也没有相关的人才。

这根本就不会成为问题，马化腾想到了之前和MSN竞争时最得力的一招，也就是引进熊明华，于是他决定从其他企业高薪挖来优秀的人才。

此时马化腾盯上了曾经为丁磊和王雷雷工作过的丁怀远。在马化腾的眼中，丁磊是一个天才级别的人物，他对未来着足够的判断力，而且一旦决定去做一件事就不会轻易改变，其执行力非常高；王雷雷更是一个工作狂人，可以每天从早上工作到晚上，累了的时候就回去跑步，完了之后回来继续工作，别人从来没有看到他疲惫过。丁怀远则是一个善于工作的人，同时也是一个善于思考的人。至于丁怀远，他眼中的马化腾就像一个诸葛亮一般的人物，虽然经常呆在办公室里，但是总能够掌控外面的局势。

有了这位优秀的人才之后，马化腾加紧了自己的步伐。当时新浪、搜狐和网易在门户网站方面已经非常成熟，为了不引起这些巨头们的对抗，马化腾在进入门户网站阵营时显得非常低调，他表示这样做只是为了更好地服务于广大的腾讯QQ用户。到2003年11月，属于腾讯的门户网站——qq.com正式推出了，不仅包括了新闻、娱乐、读书、体育、军事和财经等等应该有的频道，而且在主页上留了一个"用户需要留言"的版块，此举更大限度地满足了用户的浏览需要。

腾讯的科技部发言人对国外媒体说，打造门户网站一直以来就是腾讯公司的目标和梦想，毕竟他们拥有足够的客户群，他们对未来的发展很有信心。马化腾则显得更低调一些，这本就是他的行事风格，其表示腾讯公司并没有进军门户网站，而且他们的经营重心也不在这方面。马化腾这种行为只不过是为了躲避很多强敌，在门户网站方面他们并没有站稳脚跟，他不想和其他门户网站过早过招，这样只能让其失去该有的市场份额。

虽然马化腾心中很有信心，但是他在外面始终保持着谦虚和低调的行事风格，而外界对于腾讯公司进入门户网站市场也不看好。毕竟当时门户网站的格局已经基本定了下来，新浪、搜狐和网易发展了这么多年，而且烧掉了太多的钱，他们好不容易抢夺到的市场不可能轻易让出，就像腾讯公司苦心经营IM市场的一样。而且这三家已经基本形成了他们核心的竞争力，新浪的新浪论坛、搜狐的都市生活、网易的虚拟社区都非常厉害，这些都是马化腾和他的团队无法逾越的高度。就像当年其他企业打造IM工具想要和腾讯公司抢夺市场的一样，此时的马化腾又怎么可能轻松战胜对手，并且抢夺到市场呢？

把流量先做起来

对于一个互联网企业来说，最看重的就是网站的流量，而这个流量就意味着网站的浏览量，以及网站的整体曝光率，这个数值越高对于企业来说就越好。网站流量就像一把尺子，衡量着互联网企业的运营状况。门户网站更是如此，他们更看重流量，这简直就是他们的"生命线"。

腾讯公司开始打造门户网站时，并未着急通过大量的腾讯 QQ 注册用户带来网站的流量，而是任由其自由发展，对此公司的 CIO 许晨晔还专门召开了新闻发布会作出了解释。虽然腾讯公司发布一条系统消息就会有成千上万的人看到，而这种流量是一个不容小觑的数字，但是如果频繁发布消息的话，很明显会影响到广大用户。出于为用户着想，腾讯公司发布每一条系统消息都非常谨慎，他们会对内容负责，所以现在腾讯公司一般只会对客户发布一些真正需要的消息，而不是随便发送。

在这段时间，中国门户网站的"三杰"并没有闲着，为了争夺市场他们相互之间展开了拉锯战。2004 年 1 月 5 日，新浪主持了"年度十大新闻评选"活动，并且最终揭晓；第二天，搜狐就召开了所谓的"新闻年会"；当天，丁磊宣布网易将进行改版，正在竭力打造"中国互联网界规模最大的信息中心"……显然三家企业都知道新闻是门户网站的核心，而为了抢夺新闻的"正统地位"，三家是各想奇招，希望广大用户肯定他们的地位。

马化腾在2004年6月之前几乎没有任何动作，一直保持着观望的态度，这段时间的观望让他更了解了整个门户网站行业。在有了充分的了解和准备之后，马化腾决定出手了。

从这一个月开始，腾讯QQ用户发现腾讯QQ的终端信息跳出的次数开始频繁，跳出的主要是最新的新闻。随后腾讯公司推出迷你首页，将更多新闻信息整理好后呈现给广大网友，点击这些信息之后页面就会跳转到腾讯的官网上，从而继续浏览所需要的信息。腾讯公司在跳出信息的数量和质量上把握得很好，在为腾讯公司创造了流量的同时，也并没有引起用户的反感。

腾讯公司的这番举动翻遍整个互联网史也找不到先例，他们这一次的创新具有世界水平。

腾讯公司的门户网站依靠庞大的QQ用户群很快创造了流量奇迹，当时的流量增长速度显示，其增长速度可以达到50%以上。虽然新浪、搜狐和网易也都拥有自己的客户终端，但是他们的用户数量均无法和腾讯QQ相比。就这样，腾讯公司在门户网站上也有了显著的进步，很快就打破了"中国三大门户网站"的壁垒。马化腾也表示公司的下一步就是将腾讯QQ和腾讯网站结合起来，从而做到整体业务的增长。

2004年10月28日，经过一系列改版之后的腾讯新闻页面上线了，马化腾将此定位为青年新闻门户。经过这一次的改版，腾讯新闻在内容的丰富性和实时性上大做文章，刊登了一些青年视角的文章，紧紧和年轻人结合在一起，同时还增加了诸如法制、军事和评论频道，丰富了用户们的选择。

马化腾这一次对市场的细分取得了成功，新浪、搜狐和网易有些始料不及，他们的市场份额已经受到了腾讯公司的冲击。此时的马化腾也不再低调了，表示自己将会在一年的时间里将腾讯公司的网站打造成中国第一时尚娱乐门户网站。

到了2005年，就在腾讯团队稳步前进，冲击市场的时候，其他几家门户网站发展各不相同。新浪因为业绩不断衰退，在这一年被盛大收购了19.5%的股份，后者成为新浪最大的股东；张朝阳利用自己的资源大举收购，以这种方法增加注册用户；网易有所亏损，丁磊开始向游戏行业转型，算是维持了公司的发展；tom继续在短信业务上发展等等。

其实这个时候最痛苦的应该算是搜狐，当时他们在新闻业务上不比新浪、在游戏业务上比不过网易、在娱乐业务上与腾讯相差甚远。虽然张朝阳有海外留学的背景，且在国外有足够多的资源，但此时他也没有找到让搜狐迅速盈利的方法。搜狐开始逐渐丧失市场份额，他们的发展显得非常被动，不仅无法扩大市场份额，就算是对既有市场的控制也做得不好。相比2004年第三季度同期，虽然广告业务增长了21%，但是他们的市场份额占有率却在下降，这已经是不争的事实了。

网易当时的发展还算不错，因为他们转型比较早。丁磊将更多的精力放到了游戏业务的开发上。到了该年下半年，网易游戏业务收入已经超过邮箱业务，当年第三季度的财务报表显示，该项收入达到4610万美元，是总体收入的80%；广告业务则只有910万美元，还不到整体的20%；IM工具网易泡泡就更不用说了，其收益完全可以忽略不计。

中国互联网业中发展得最好的无疑就是门户网站，虽然国际门户网站对此觊觎已久，但终究无法进入中国市场。尤其是微软MSN中文门户一直在虎视眈眈中国这块市场，却一直没有找到机会，也没有取得相应的成绩。不过微软MSN中文门户进入中国市场时，还是引起了各方的震动，微软的背后毕竟是比尔·盖茨这位互联网的大腕。尽管其在抢夺中国IM市场上先输给了马化腾一次，但是其整体实力强大，同样引起了国内互联网企业的重视。

不过比起微软的介入，国内门户网站之间的竞争更加激烈一些。

马化腾这一次的战术同样是全面进攻，而他最先决定攻打的就是新浪的新闻阵地。

其实新浪之所以在新闻上确立了足够的优势，主要是通过两件事情。

早在2003年，新浪全程报道了"神舟五号"飞船的发射，此次报道让他们得到了超过1亿的访问量，而随着这次报道的成功，新浪尝到了独家报道的甜头，于是他们在这一项业务上大下功夫。

2005年，新浪对"神舟六号"飞船升空又一次做了报道，这一次他们还配发了图片，在飞船升空之后，新浪又第一时间采访了两位宇航员的家人。经过这两次报道，新浪在新闻上的优势地位一举确定。

马化腾当然知道新浪成功的原因，为了打破新浪保持的这种优势堡垒，腾讯公司在"神舟六号"的报道上也是不遗余力。尽管他们当时取得的成绩不能和新浪相比，但他们还是超越了搜狐和网易，成为行业中的后进力量。根据一项统计表明，当时新浪网的网友评论数为109610、腾讯为101587，而网易则是34124，腾讯公司已经在这个领域站稳了脚跟。

不仅如此，马化腾还关注到搜狐在视频方面的优势，但是在这一项的追赶上，腾讯公司显得力不从心。世界杯的独家视频报道让搜狐的收益超过200万美元，虽然马化腾之后拿下了世界男篮锦标赛和洲际杯男子篮球比赛的独家视频报道，从中获利不少，而且之后也积极报道了很多重大的赛事，但是在体育重大赛事的报道上他们还不能影响到搜狐，对方始终保持着强有力的竞争态势。

对于马化腾来说，低调是他本人的行事风格，但是在做事情上他适当的时候也会选择高调。比如2005年就是马化腾高调处理事情的一年。在这一年，他作出了多次重大的决策，而这些决策一次次将腾讯公司推向互联网行业发展的高峰，腾讯公司在互联网的地位也是通过这一年确定的。

2005年8月，腾讯公司发布了一条公告，将要打造一个主流娱乐和时尚的媒体，主要是针对全球的华人社区，理念是人本、理性和求真。而且，所打造的这种媒体平台将具有传播性、互动性和权威性。

2005年9月，著名的"西湖论剑"召开，这一次请来了中国互联网的几位领导品牌的负责人，搜狐创始人张朝阳、阿里巴巴创始人马云、网易创始人丁磊、新浪CEO汪延，以及腾讯公司创始人马化腾。虽然整个会议的气氛显得非常融洽，但是谁都知道中国互联网到了洗牌的时候，而这次洗牌之后真正就会确定龙头老大了，这种地位一旦确定就很难改变。

2005年12月12日，根据Alexa的数据统计，中国几大门户网站的流量排名是新浪、网易、腾讯和搜狐。从此中国门户网站三足鼎立的态势被打破，腾讯公司凭借庞大的注册用户在外道超车，一跃成为中国门户网站的第三名。

而腾讯公司将内容和IM工具捆绑在一起的门户网站模式也是行业内的创举，QQ的用户可以在不登陆网站时仅凭借客户终端就了解到全球范围内的时事新闻，此举极大程度方便了用户，是一种非常便捷化的捆绑。时至今日，当我们在电脑上办公的时候，如果电脑的右下角有QQ登录，那么就会弹出最近发生的新闻弹窗，我们可以选择打开或者不打开。

如果说在IM市场的竞争中，腾讯公司是赢在了庞大的用户上，那么在这次门户网站的竞争中，腾讯公司则赢在了手段上，这种绑定的做法显然得到了QQ用户的肯定。当然，本质上他们还是在依靠庞大的注册用户数量。

中国互联网的门户网站在新闻这块市场上的争夺非常惨烈，而随着人们生活水平的提高，很多人对于新闻的兴趣已经不仅局限在时事政治方面，渴望获得更多诸如娱乐等方面的新闻。马化腾的团队基本上都是技术出身，此时他们需要一个更懂文字的人，运用专业能力来编辑文字，从而俘获用户的心。

马化腾早早就明白，既然有些事情自己现有的团队没有办法做，那就高薪聘请更专业的人来做。

这一次来到腾讯公司的是陈菊红。

陈菊红并不是互联网人，但是在文字方面她却经历丰富。其于1995年毕业于武汉大学新闻传播学院，之后在《南方周末》工作了7年，随后于2003年到美国哈佛大学进行访问，归国之后担任《南风窗》杂志的总编。

马化腾和陈菊红进行了长期的接触，最终确定对方就是腾讯公司需要的非技术型人才，而陈菊红对于腾讯公司也非常有信心。她曾经表示："腾讯网在媒体方向上有很好的物理属性，这就是腾讯网的优势所在。"她所谓的物理属性其实就是腾讯QQ的实时信息提示功能，以及登陆QQ之后弹出的迷你信息页面。陈菊红自然也是腾讯QQ的使用者，她认为腾讯公司能够为客户着想，所推出的一些服务能够解决用户需要的问题，设计也显得非常人性化。不过，陈菊红还是指出，虽然腾讯公司在门户网站方面的发展有着足够的优势，但是在门户网站的竞争中，文字内容和排版同样重要，她将在腾讯公司大展拳脚。

来到腾讯公司之后，陈菊红很快就提出了一个很好的建议，她认为腾讯网站的内容建设需要重视木桶理论，或者说短板效应，一个木桶能装多少水取决于组成这个木桶最短的那块木板的高度。所以腾讯网站在重视传统的新闻、体育和财经等的同时，还应该看重人们逐渐开始关注的娱乐、军事、汽车、奢侈品等等频道，如果这些频道都能够做好的话，相信腾讯网站就会取得成功。

而在当时，虽然腾讯公司凭借自己庞大的用户量在传统的新闻、体育和财经方面取得了一定的成绩，但整体实力毕竟弱于新浪、搜狐和网易，硬碰硬根本不可能，还不如另辟蹊径将注意力转移到其他频道中。

马化腾认可了陈菊红的观点。在技术团队和文字团队的配合下，腾讯网站很快推出了"新闻2.0"频道，这个频道在内容上更加丰富，而且访问的用户还可以参与到新闻活动中，从而达到最大的访问量。在2006年7月Alexa作出的统计中，腾讯网站的流量令人意外地超越了新浪，成为中国浏览量最大的门户网站。

马化腾带领腾讯团队逐渐在门户网站上也站稳了脚跟。

别忘了还有广告这块市场

随着访问量的不断增加,以及在门户网站中的主导地位越来越明显,另外一个问题摆在了马化腾的面前——腾讯公司有了不错的访问量,但是如何将这些访问量转换为效益呢?要养活一个网站可不是仅仅凭借访问量就可以的。

虽然腾讯网站的访问量超越了新浪和搜狐,但是他们的广告收益却远远低于对方。我们来看看其他的网站都是怎么做的:新浪是一个老派的门户网站,他们手中有着大量优质的广告客户资源;而51.com这样的社区网站主要依靠一些低端的广告产品,但是因数量庞大也能够盈利。腾讯网站因为进入这个市场比较晚,所以他们没有固定的客户资源,而且广告市场的份额早被划分定,格局已经形成,很难再从别人那里分到一杯羹。

毕竟马化腾是一个做技术的,而他的团队基本也是做技术的,他们早在创业的时候就缺少足够的销售人才,现在这种广告业务人才的缺失,使得马化腾决定再一次引进人才。让专业的人去做专业的事情,这本就是马化腾的用人理念。

此时一位叫刘胜义的职业广告人进入了马化腾的视野。他有在国外工作的经验,而且担任过多家国外企业在中国区的负责人,从业时间比较长,且拥有足够的人脉关系。马化腾聘请其在腾讯公司任副总裁,主要负责网络媒体和在线广告的拓展。

来到腾讯公司之后，刘胜义利用自己之前的人脉关系帮助腾讯公司拿下了好几个广告大单。刘胜义还通过自己多年的从业经验总结了一套行之有效的广告业务分析理论，根据这套分析理论，马化腾迅速组织人手开发了一系列配套的产品。而其中一款产品的出现，标志着腾讯公司在广告业务上有了一个质的飞跃，这款产品在开发之后迅速投入使用，而且很快取得了成功。这款产品就是数字媒体触点解决方案。

数字媒体触点解决方案是一款堪称神器的产品，其指出所有互联网的用户在网上的生活都是有一定规律的，根据数据统计确定用户的需求，然后再根据需求个性化推送相应类型广告，这样不仅能够提高广告输送效果和商业价值，而且不会让用户感到繁琐。当时腾讯的用户中经常会出现跨平台现象，大范围覆盖广告造成了资源的浪费，并没有给用户带来真正意义上的便利，如果再坚持推送广告只能引起用户的反感。数字媒体触点解决方案推行之后，腾讯公司对内部的用户资料进行了整理，按照不同的类型保存起来，以满足不同用户的各种需求。

正是因为数字媒体触点解决方案的出现，腾讯公司实现了对虚拟世界的划分，其在线广告业务也取得了一定的发展。

马化腾此时才明白自己还是太过于技术化了，当年他们只是在卖流量，却不懂得进行分类，从事着最基础的出售行为。现在的腾讯公司可以根据用户的需求给对方推送消息和广告，为用户提供最好的服务，通过技术抓取每一位用户的上网需求，然后再将适当的广告进行推送。

通过这一次的整理，腾讯公司的广告效果提高了三成，新的广告模式也得到了市场的认可。腾讯公司的在线广告业务有所起色，一方面为公司带来了巨大的收益，另外一方面这种服务也让更多的用户感到满意。

到了2007年，腾讯公司的广告业务更是直线上升，每一个季度的广告收益都可以达到80%以上的增长，这一年的广告收益达到4.93亿元，全年涨幅更是达到了惊人的84.9%。显然按照这种势头发展下去，不出几年广告业务就会成为腾讯公司最主要的收入模式。

中国互联网行业还是一个全新的行业，整体发展时间并不长，这和一些传统行业根本不能比，而互联网的广告占有比更是少得可怜，仅仅只有整个广告行业的5%，这种比例更是无法和传统行业相比的。不过广大用户已开始接受互联网广告，他们不再认为互联网广告全是是骗子，这本身就是一种成功，毕竟很多事情需要一步步来。

互联网刚刚起步的时候，几乎所有的企业都知道商业广告是创收的好办法，是一种重要的盈利模式，但是在这方面互联网企业并没有成功的先例借鉴。互联网在中国刚刚起步，或许我们能够看到今日腾讯、新浪等等企业的风光，但实际上这些年倒闭的企业数不胜数。在广告业务上，一个成熟的广告投放需要一定的周期，这种不确定性就给广告投放带来了很大的不确定因素，所以这项业务没有很好地推广也是有原因的。

腾讯公司在广告业务上取得了成功，但是强敌始终存在。新浪毕竟是这个行业的老大，其地位很难撼动，马化腾在这个行业想要取代新浪成为老大有很大的难度。腾讯公司还需要付出更大的努力，尤其是在内容创新以及产品的营销方面。不过好消息是新浪的广告市场份额在下降，整个中国经济环境却需要更多的广告投放，这种势头的增长加之对手份额的降低，又一次给了腾讯公司超车的机会，就看这一次机会马化腾和他的团队能不能抓住了。

中国的互联网商业广告是一个不可限量的市场，马化腾知道自己需要巩固好既有的地位，然后不断地扩充地盘。毕竟现在的腾讯公司已经不是当年那个几个人的小企业了，他们有成熟的团队去做事情，马化腾要做到的就是紧盯市场的变化，从而抓住稍纵即逝的机会，让企业发展得更加强大。

重大赛事的转播

2008年,中国发生了一件大事情,北京成功举办了第29届奥林匹克运动会,而搜狐成为这次赛事的独家视频转播平台,是这项重大赛事的独家互联网赞助商。

在2008年北京奥运会的报道上,搜狐网的确取得了先机。他们成为奥运会的独家网络赞助商和首家互联网赞助商,取得了北京奥运会官方网站的承办权,并且可以分享上面所有的内容;得到授权还能够分享奥运会的商标、歌曲和吉祥物,以及这些衍生出来的产品和文化;搜狐的记者可以在奥运会的现场进行第一时间的报道。可以看得出,张朝阳对这次奥运会做足了准备,搜狐是奥运会期间最风光的门户网站,也是受益最大的门户网站,其风头超越了新浪。不过在广告收入上,这一次搜狐还是没有超越新浪,新浪网的广告收入还是以6490万美元位于第一位,而搜狐仅有4170万美元。

张朝阳和马化腾不一样,他做事高调,搜狐拿下奥运会独家转播权之后,其立即召开新闻发布会高调宣布了这件事情。在发布会上,张朝阳还承诺,搜狐的报道肯定要比其他所有网站都快60秒。

张朝阳的这种做法就是在刺激新浪、网易和腾讯。面对这种情况,马化腾决定联合新浪和网易一起对抗搜狐。就在北京奥运会举办的前夕,丁磊、新浪网副总裁陈彤以及马化腾碰面,并确定了他们之间的联盟。

上面已经介绍过，但凡有重大赛事或重大事件，都是提高门户网站点击率最好的机会，而且随着报道，该网站的影响力会不断得到提升，而这种报道中的商业广告收益，自然让网络公司的负责人不舍得放弃。奥运会本身就是非常大型的赛事，而这一次又是在中国的家门口举办，谁不想借这个机会成为中国互联网的主流报道媒体？

为了和搜狐进行竞争，马化腾想到的"联盟"举动无疑是高明的。

新浪在当时无疑是中国门户网站的老大，虽然其管理层频繁更换，但是这并没有影响到新浪的统治地位。搜狐虽然费尽心机，在多次重大赛事的转播上都夺得了先机，但是始终没有撼动新浪的地位。张朝阳因为长时间处于第二名的位置，所以被网友们戏称为"千年老二"。而当时的网易已经主攻游戏市场，所以丁磊在门户网站上也没有太多的奢求。虽然搜狐只处于第二的位置，但是其在2008年第二季度的整体收益达到了1.02亿美元，是中国第一家以亿万美元计算收益的门户网站。张朝阳更是自信地说，搜狐在中国只有新浪一个对手。

网易公司已经将重头戏放在了网络游戏上，所以无论是丁磊还是网易团队在门户网站的竞争中都显得兴趣不浓。在北京奥运会的转播权上，他们只是不想失去已有的市场，大有一副坐山观虎斗的架势。

腾讯公司虽然是后起之秀，但是马化腾一直对门户网站尤其是广告业务期盼已久，他很想在这次奥运会上确定腾讯公司门户网站的地位。不过腾讯公司的力量有限，无法和搜狐抗衡，所以他希望能够和其他两家门户网站建立同盟关系，三家合并来对抗搜狐，这样就可以稳操胜券了。

马化腾想建立联盟首先是从腾讯公司的角度去考虑的，一旦这一次张朝阳在赛事报道上形成了垄断地位，那么之后大凡体育赛事的报道，其他三家网站肯定会慢搜狐一步。这不但不利于腾讯，同时也关系到几家企业日后的发展，所以他呼吁三家网站联合起来一起对抗搜狐。

很快，三家门户网站达成了协议，联合起来一起对抗搜狐。三家联盟形成之后，虽然搜狐的优势很明显，但是在竞争上一家企业毕竟弱于三家的组合，所以搜狐在北京奥运会上的收益还是受到了一定的影响。

我们来看看事情后面的发展。

2008年7月，新浪、网易和腾讯分别从央视网手中拿到了转播权。在这次发布会上，丁磊、新浪CEO曹国伟和马化腾一起出席，在活动的现场和央视网的负责人签署了奥运赛事转播的协议，高调宣布将一起联合对奥运会的开幕式、闭幕式和重要赛事进行转播，同时三家企业还会联合起来在北京形成"奥运报道联盟"，共同打造采访团队，并且实现资源共享。

在接下来的时间里，一场市场争夺战正式展开。

首先，张朝阳在网络上表示："搜狐网具有奥运赛事的独家转播权，赛事内容会更为全面和深入，而且搜狐的很多窗口都和央视实现了对接，内容和报道速度上都会比其他的网站快60秒以上。"

新浪网副总裁陈彤则说："三大门户这一次决定联合报道，在内容上绝对不会比任何网站少。"

而之后，张朝阳表示："奥运会的合作伙伴以及赞助商只能在搜狐网站上投放广告，如果在其他网站上投放广告的话，根本就不能使用和奥运会相关的品牌和标志。"

随后新浪、网易和腾讯纷纷指出，搜狐这是在歧视与奥运无关的企业和赞助商，之后三家企业又联合起来，对其他的企业进行拉拢。

以往马化腾都是带领着自己的团队和其他的联盟对战的，这一次他和其他的企业联合起来站在了联盟的一方。

几家网站在网络上的辩论始终没有停止过。

张朝阳在媒体上表示,他根本不看重奥运期间的广告收益,更看重的是能够借助这次机会树立搜狐的品牌,从而吸引更多的用户来享受搜狐提供的服务,并最终将搜狐打造成中国第一门户网站。张朝阳表示,能够成为北京奥运会的独家网络赞助商是他这些年最开心和兴奋的事,同时他也将此看作搜狐确定中国门户网站地位的最好时机。如果搜狐能够借此超越新浪,成为门户网站的老大,相信张朝阳会更加兴奋。

三家网站的联盟迅速作出了回应,互联网地位的确定根本不是因一两次的胜利而论的,应该是产品的创新以及服务模式的改变。

除了组成联盟之外,马化腾对自己团队内部要求更加严格。在北京奥运会期间,马化腾在腾讯公司内部发布了动员令,并且喊出了"我的网络我做主"的口号。他还让这次奥运专题报道的负责人立下了军令状,要保证这次的报道成为各大门户网站的第一名。其实这个军令状是马化腾给自己立的,因为这次北京奥运会报道的总负责人就是他自己。当时腾讯公司内部的所有项目都为这次奥运报道让路,只要出现一块金牌,30秒钟之内这则新闻就要出现在腾讯QQ的提示栏中。马化腾自信地表示,只要在你的电脑上登录了腾讯QQ,你就能第一时间知道金牌的归属。

在之后的竞争中,张朝阳也发现了马化腾团队的执行力。中国门户网站竞争进入了白热化阶段,他要做的就是小心谨慎,争取更好地拿下这个市场。

新浪耗资几百万美元将他们的网络进行升级,从而满足广大网友们的视频观看需求。

丁磊也嘱咐团队中负责奥运会报道的负责人,只要有任何需要投资的地方尽管开口，他都会尽可能满足。虽然丁磊本人没有抓奥运报道这个项目，但他却关注此项目的进展。

在门户网站的竞争中，马化腾不可能成为绝对的赢家，毕竟他在这个行业中是后起之秀，但是腾讯公司还是获得了奥运会报道流量第一，而且其在巨大的广告收益上也分到了不错的份额，这已经让他很满意了。

在整体的报道上，虽然搜狐拥有独家享有火炬传递报道和奥运会官网建设的资源，但在整体收益上却和三家网站的联盟持平了。奥运会结束后，网民们不再关注他们之间的争斗，但是他们的市场争夺战并没有结束。

马化腾在这次北京奥运会的报道上尝到了甜头，于是很快拿到了2010年南非世界杯的报道权。

2010年5月，腾讯公司正式和中央电视台签约，承办了网络视频点播权，成为第一家和央视签约的门户类网站。

而在南非世界杯的报道中，马化腾更是耗费巨资在黄金时段播放腾讯公司的宣传广告，而且签下了一名足球巨星来宣传腾讯企业。

之后，马化腾又成为上海世博会的独家网络赞助商，并且全权负责这次大会官方网站的运营。在上海世博会上，4家门户网站的广告收益被重新定义，马化腾带领着腾讯团队全力奋战，最终创下了单季度收益超越新浪的记录。

马化腾在大型赛事的报道上积累了一些经验，他知道这将会是腾讯团队进军的另外一块领地，而这块领地一旦吃下，就能够真正确定其门户网站的地位。

马化腾和腾讯团队任重而道远。

酝酿着的一场市场争夺战

很多朋友对我说手机中现在有太多的 APP，想要卸载掉一些，但总感觉这个有用，哪个也有用，每一个都舍不得卸载掉。后来我给他们推荐了一个不错的招数，对自己的使用习惯进行记录，看两周之内哪些软件自己从来都没有打开过，那这款软件就可以卸载了。两周之后很多朋友跑来告诉我，除了支付宝和微信之外，其他软件好像打开的概率真的很低。虽然现在 APP 很多，但是用户需要的其实就是一键解决问题的软件，如果通过一个微信或支付宝我就可以订航班、订酒店、打车、购物、聊天、还款、交水电煤费的话，我为什么要安装那么多 APP？相信无论是腾讯公司还是阿里巴巴都想到了这一点，而两家大企业未来在手机上展开的竞争也才刚刚开始。

现在的互联网市场，基本上是以百度、阿里巴巴和腾讯三者竞争为主。无论是在移动互联网、互联网金融、互联网安全，还是网络游戏领域，腾讯公司和阿里巴巴公司都展开了战斗，而这场战斗双方才完成了一个布局，接下来肯定会展开一番激烈的市场争夺战。

相信很多人对前一段时间的嘀嘀打车和快的打车记忆犹新，这只不过是这两个 1000 亿美金的大怪物战斗的冰山一角。在 2013 年两大企业只是做了一定的布局，2014 年的打车竞争只不过是一次试探，之后双方将会在各个领域展开声势浩大的争夺战。

其实两家企业的实力相当，而两位领导人的能力也相当。马化腾和马云都是非常有魄力的人，他们领导的团队在与其他对手的争夺市场战斗中均显示出非常强劲的能力。此前，他们在各个领域都是非常厉害的角色，但是互联网的领域是相通的，很快他们之间有了交集，此时就需要在这个领域分出胜负了。

马化腾和马云之间的第一场战斗肯定是在移动电商上。

移动互联网的时代已经来临，现在的社会已经开始改变，随着智能手机不断涌向市场，一些互联网的巨头企业都有点措手不及。中国移动也正是因为缺乏足够敏锐的察觉力，联通和电信在弯道超了车，现在已经成为和移动并驾齐驱的企业，是移动给了联通和电信翻身的机会。

人们的生活中已经离不开手机，手机也逐渐开始代替电脑的作用。至少对于我个人来说，电脑的功用现在只剩下"写作"一个了，我除了在电脑上写书之外，其他时间基本不会去碰电脑。

而在移动互联网中发展速度最快的还是腾讯公司，因为其快速推出了微信，从而抢占了足够的市场份额。据统计，现在微信在国内的使用人数已经超过6亿，在国外还有1亿，这么庞大的数字让人大跌眼镜，像当年让QQ成为人们线上服务核心的一样，腾讯公司的微信团队现在也开始打造微信的核心竞争力。

假如腾讯公司只是将微信定位为手机端的QQ的话，那么马云也就不会这么紧张了。现在的腾讯公司以微信为载体，积极推进在电子商务平台的市场份额，而且想着通过微信开始线上和线下的结合。而就在笔者写到这里的时候，腾讯的微信已经和阿里巴巴在电子商务领域最大的竞争对手——京东取得了合作，现在当我们打开微信，在"朋友圈"的下面就能够看到"购物"，通过点击就可以进入京东购物界面。腾讯电商和京东商城合作，就是要借助微信在弯道实现超车。而这种合作使得腾讯公司和阿里巴巴之间的这场战斗充满了各种可能。

当阿里巴巴意识到移动互联网重要性时，这个世界上已经有了微信，而且微信已经占据了一定的市场份额。阿里巴巴火速推出了"来往"，但显然使用者甚少。不过阿里巴巴可不是待宰的"羔羊"，在2013年的下半年他们也做了一系列的举动，先后推出了手机版的淘宝、手机版的聚划算、手机版的天猫，甚至入股了UC浏览器、入股了陌陌、入股了高德地图、入股了新浪微博，还打通了新浪支付等等。这些举动都是要对微信形成一个围攻，不过虽然阿里巴巴进入的领域很多，取得合作的企业也很多，但是他们缺乏一个明星产品。

其实阿里巴巴拥有一项划时代的产品，那就是基本改变了国人用钱观念的支付宝。我相信很多人手机中的任何应用都可以缺少，唯独不能缺少的就是支付宝和微信。毕竟阿里巴巴在电商领域深耕了这么久，他们所推出的这款产品足足影响了整个中国，这款产品甚至将会改变中国银行和金融领域的布局。

2013年，阿里巴巴推出了余额宝，这又是继支付宝之后又一个奇特的产品，相信这款产品的出现会成为支付宝持续发展的有力支撑。我们来看一组数据：2013年6月阿里巴巴公司推出了余额宝，而在半年之后的12月31日，余额宝的用户数量就已经达到4303万人，规模更是达到1863亿元。

不过腾讯公司也没有闲着，于2014年1月上线微信理财通，正式踏入互联网金融理财领域。在这段时间，他们更是积极发展线下业务，打造O2O模式，这种做法和阿里巴巴公司又一次形成了抗争局势。

腾讯公司现在还在游戏领域取得了领先地位，成为这个领域无可争议的霸主，除了传统的 PC 端之外，还有一部分来自于最新的手机游戏。随着 WIFI 和 3G、4G 的普及，现在越来越多网民成为手机游戏玩家，手机游戏足够方便，相信在不久的将来肯定会超过电脑游戏的玩家，而对于任何互联网公司来说，这又是一个庞大的蛋糕。在手机游戏市场，腾讯公司所依赖的正是他们的新秀产品——微信。

凡是在微信中上线的任何游戏很快会成为下载排行榜的头名，这已经不是什么奇怪的事情了，因为微信在国内拥有 6 亿的用户。腾讯几乎在手机游戏市场占领了一半以上的江山，2013 年第三季度，腾讯公司的游戏收入已经高达 235 亿元，占腾讯公司整体收入的 54%，排在后面的依次是网易、盛大、畅游、完美世界和巨人，但是腾讯的收入已经超过了其后 5 家的收入总和。

在这种情况下马云也坐不住了。虽然他的产业似乎和手机游戏没有任何的关系，但是看着这样一块大蛋糕，他不可能置之不理。而且微信已经如日中天，阿里巴巴必须想办法对付，否则阿里巴巴好不容易积累下来的市场份额，将在移动互联网时代被微信不断蚕食。

腾讯公司最大的优势是注册用户数，在这一点上阿里巴巴丝毫不逊色。现在阿里巴巴拥有 7 亿淘宝网注册用户、9 亿支付宝注册用户、4 亿移动端手机淘宝的注册人数，仅仅"双十一"当天，淘宝网的活跃用户数就达到 1.27 亿。而阿里巴巴已经在移动互联网领域完成了全新的布局，希望借此为手机游戏提供更大的生态链建设。

阿里巴巴所推出的手机游戏平台采取的是 2:8 分成模式，这种做法极大地提升了业内的合作积极性，阿里巴巴对于单机版游戏合作者还提供第一年免费的服务，联合运营的游戏则采用这个分成模式，阿里巴巴只从中获取

20%的利润。

　　阿里巴巴的这个举动必然会刺激到腾讯公司，因为这两家公司都曾经在收费上"受过伤"。在手机游戏平台上，这两家公司的战火也是一触即发。

　　对于消费者来说，无论最终的结果怎样，只要双方能够为用户提供最好的用户体验和产品，只要双方都是以促进中国互联网的发展为根本目的，那么我们就能够接受这样的良性竞争。

第十一章 / 舍得电商——于有所舍中亦有所得

> 现在互联网中什么最火热？电子商务！几乎所有人都知道电子商务时代已经来临，而几乎所有的互联网企业都想抢占这个庞大的市场。腾讯公司因为拥有庞大的注册用户数，所以在这个领域中有着十足的优势。不过在发展的过程中，事情并不像他们想的那样顺利，他们这一次面对的是最为难啃的一块"骨头"，马化腾的团队这一次没有抢占到大部分的市场，只能做到不被挤出这块市场。

推出了拍拍网

时至今日，大部分人都有过网购的经历，无论是从淘宝、京东、一号店，还是从苏宁易购、国美在线、当当网、亚马逊中国、易趣、新蛋网、红孩子，以及聚美优品、唯品会、乐蜂网等等。只要是个网民就会网购，这已经是不争的事实，网购也似乎成为我们生活中重要的组成部分，等着收快递也是我们最为快乐的时光了。

前几年的电子商务市场可不像现在这么火爆,那个时候这个市场还没有完善,网民对电子商务的信任度还不够高。

关于中国的电子商务发展还得追溯到 1999 年 5 月 18 日,王峻涛建立了中国第一家 B2C 在线销售网站。所谓的 B2C,是 Business to Consumer 的简称,也就是生产厂家直接对消费者。王峻涛创建的这家公司叫 8848,他之所以选择这个数字作为公司的名称,其实就是想像珠穆朗玛峰的高度一样,带领中国电子商务系统走向这个高度。经过一番竞争之后,8848 很快成为中国这个行业的老大。当时马云看到王峻涛成功之后,很快建立了属于自己的电子商务平台,也就是著名的阿里巴巴。

当时中国已经具备了电子商务发展的条件,所以无论是 8848 还是阿里巴巴都只是一个开始。

1999 年 8 月,易趣网在上海成立。

同年 11 月,以买书著称的当当网上线。

2000 年 5 月,综合性电子商务平台卓越成立。

几乎同时,贝塔斯曼中国网站也在上海注册创立。

而中国的一些著名企业也不甘示弱,随后新浪、搜狐、海尔、美的、春兰、TCL 都推出了自己的电子商务平台。

到了 2001 年,中国的电子商务平台更是达到惊人的 1345 家,这一年的成交总额也达到 1075 亿美元。

或许现在年轻的网友会很诧异,原来中国的电子商务平台曾经这么热闹,居然有这么多的公司?恐怕像 8848、贝塔斯曼这些网站,只有非常资深的网民才知道。这些网站为中国电子商务行业发展起了不可磨灭的作用,不仅仅只有现在如日中天的淘宝网。

马化腾自然不甘心落于人后，也筹划着进入电子商务市场。当时很多人出面劝阻马化腾，因为虽然电子商务市场风生水起，但是同样具有太高的风险性。可是马化腾还是看到了巨大的市场份额，认为当时的中国属于买方市场，谁能够更贴近消费者，那么谁就能够赢得消费者，市场中同类企业多并不是什么可怕的事情，相反证明了这个市场是一个有活力的市场。

当时马化腾对于电子商务市场的分析并不够多，但是和以往任何一次进军不同领域一样，他手中的好几亿注册用户是他最大的财富和靠山，所以他坚信自己能够在这个领域再一次获得成功。

那个时候国外优秀的电子商务平台也没有闲着，ebay经过两次购买股权全权收购了邵亦波的易趣网。ebay是美国著名的电子商务平台企业，1995年9月4日成立于美国的加利福尼亚州，经过10多年的发展，此时的ebay已经在全球拥有了1.5万名员工，年营业额也达到85亿美元。其是著名的跨国性企业，也是世界最大的电子商务平台之一。

他们在收购了易趣网之后，的确在中国电子商务市场获得了很大的市场份额。最终马云的淘宝通过免费入驻改变了这次战略的格局，几乎完败ebay。

这一次马化腾准备进军电子商务平台时，马云却没有了当年对付ebay的豪气，他还是有一些顾虑的。当时马化腾凭借自己足够的注册用户，几乎在中国的互联网领域战无不胜，虽然和百度的竞争没有了下文，但是在和其他企业的竞争中他都取得了胜利。陈天桥就曾经评价马化腾说："马化腾会'吸星大法'，再厉害的'武功'都能被他吸收使用。"马云也肯定了马化腾的"武功"，他知道这是一个不容易对付的对手。事实上的确如此，虽然在之后的竞争中，马云获得了先机，但是随后腾讯公司强势推出微信，而且凭借着一个小小的"抢红包"很快又将不可一世的马云逼退了几步，当然这些都是后话了。

其实早在 2003 年，马化腾就找到了马云，希望能够加盟阿里巴巴，然后一起研发 C2C。所谓的 C2C 是 Consumer to Consumer 的简称，也就是个人对个人的一种电子商务平台。当时马云并没有搭理马化腾。之后马化腾开始重点发力 IM 市场，随着在这个行业渐趋稳固，在经过充足的准备之后，马化腾还是决定进军电子商务平台。

腾讯公司在电子商务平台方面的负责人表示，2004 年腾讯公司的注册用户已经达到 5 亿以上，其中 25%是非常活跃的用户，而这个数字是 ebay 的 2 倍，如果腾讯公司能够准确把握这个优势，那么在中国电子商务领域杀出一片天，甚至在国际市场上站稳脚跟都充满了可能。显然腾讯公司已经做好了和阿里巴巴竞争的准备。

很多人不在意注册用户数的优势，其实这种优势恰恰是最重要的优势。从广告营销方面举个最简单的例子，一方面腾讯公司能够从注册用户的反馈中获得更为精准的市场需求的定位，另一方面当自己有全新的产品或活动时，能够第一时间告诉所有的用户，这就是优势。

而且发展电子商务平台就需要想办法解决卖家和买家之间的沟通问题，为此淘宝网开发了淘宝旺旺，以解决这个问题。而腾讯公司在这个方面有着太多的优势，腾讯 QQ 当时在中国的 IM 市场就是老大，而且当时他们已经和手机短信、网络邮箱等融合在了一起，这就使得腾讯公司进入电子商务领域成为一种必然趋势。

电子商务平台的经营商最担心的就是信息沟通的问题，如果解决不了这个问题，电子商务经营商基本上就无法获利。但是随着收费模式的成熟，以及实际需求的出现，IM 工具进入了电子商务市场，2005 年 ebay 更是花费 26

亿美元收购了skype。

恐怕凡是开展电子商务平台的公司都会看重腾讯QQ的注册数。腾讯QQ是中国IM市场当之无愧的老大，很多电子商务公司也开始成为腾讯的"忠实粉丝"，对于他们来说，直接使用腾讯QQ不仅能够解决广大用户沟通的问题，而且成本较低，没有几家企业会为了进军电子商务平台而再打造一款IM工具。其他企业的使用是一方面，而对于马化腾自己来说，这个得天独厚的优势显然让其还没有进军这个行业就已经占据了优势。

马化腾"做媒"腾讯QQ和拍拍网，两者"联姻"之后，用户在拍拍网上可以通过QQ自由沟通。而且在聊天的界面还可以看到同一商品，这样使得用户之间的沟通变得简单而又便捷。

细节决定成败。

做好基础工作之后，腾讯公司还需要在细节上不断调整，这样才能让产品更深得人心。马化腾自然明白这个道理，他深知拍拍网在很多细节方面存在问题，所以这个团队的工作人员经常加班到深夜，研究这些细节的改造问题。在拍拍网研发的那段时间，好多员工一周都没有回过家，而马化腾慰问他们之后，迅速补充了人手进来。

在腾讯公司上下的不断努力下，腾讯拍拍网最终解决了所有的细节问题，建立了稳固的系统。在电子商务行业中，拍拍网在很多细节上处于先进水平。比如，拍拍网用户的商品网店被链接到QQ好友的头像信息中，只要用户点击链接按钮，就可以直接进入该好友的网店等等。总之拍拍网在操作上非常简单和便捷，这种用户体验得到了广大用户的肯定。腾讯团队对自己的这款产品同样充满信心。2008年，美国电子商务总额达到1000亿美元，占整个零售行业的6%；而我们的近邻韩国同样在电子商务方面取得了长足的进步，这一年他们的成交额为200亿美元，占到整个零售行业的12%……很明显，电子商务市场将会是互联网公司接下来又一个主战场。

马化腾虽然推出了拍拍网，但此时电子商务市场基本上还是马云的天下。其实在中国互联网的各个领域都有一个类似于龙头老大的企业，比如百度是搜索引擎行业的龙头、新浪是门户网站的龙头、盛大是网络游戏的龙头、淘宝是电子商务的龙头……很显然马化腾的"野心"不小，在互联网上他希望腾讯公司能够成为整体的龙头。

赢在了对方的失误上

拍拍网是在2005年9月12日正式上线的，为了提高产品的自主权，腾讯团队还自主研发了一款名为财付通的电子货币支付系统。今天网友们对这款软件非常熟悉，当我们通过微信购买，需要通过这个支付系统完成支付。在微信中，可是无法使用阿里巴巴集团的支付宝进行支付哦。

拍拍网在试运营的阶段就取得了足够的成功，当然他们最大的优势还是大量的腾讯QQ注册用户。当时腾讯公司还对一些电子商务用户进行了问卷调查，其中大部分的用户表示在购买产品时希望能够和商家进行沟通，而腾讯QQ简化了这个沟通的流程，之后拍拍网成为广大网友最喜爱的网上购物平台之一。

在前文中大家看到，马化腾在准备率领腾讯团队进入某一领域时，最喜欢从竞争对手的团队挖来能够让自己变得更强大的人才，这个例子太多了。当时有很多ebay和阿里巴巴的人才流入到腾讯的团队中，其中有很多都是对方企业的骨干型人才。经过自己的研发以及一些强有力人才的加入，腾讯团队一时间掌握了电子商务平台最核心和最前沿的技术。

几个月之后，马化腾看到时机成熟，于是在2006年3月13日让拍拍网正式上线。在腾讯QQ的助力下，上线不久的拍拍网就拥有了900万注册用户，网站每日的访问量同样达到同行业的领先水平。

当年马云就是通过免费进入的方式将ebay逼出了中国市场，此时的拍拍网选择的也是免费。本书前面讲过，在收费这件事情上腾讯公司受过伤，所以他现在不敢随意选择收费。马化腾也向广大网友表示，拍拍网的进入实行全免费政策。此时的腾讯公司也算得上财大气粗，自然不会因这种微薄的利润而"惹恼"广大网民。

当年腾讯公司在烧钱的过程中已经没有钱可以烧了，所以他们才动了收费的念头，现在的腾讯公司根本不缺钱，就算是让拍拍网"烧一会儿"，他们也无所谓。马化腾当然明白这个道理，所以拍拍网选择了免费。

为了让平台变得更加优秀，阿里巴巴实际上已经制定了平台收费的政策，并且打算在2006年7月开始实施。马化腾最初也打算从这个时间点开始收费，到那时将大面积抢夺阿里巴巴的市场份额，而且这一次他又充满了信心。

从这个时候起，马化腾和马云的抗争正式进入白热化阶段。

之后马云从雅虎公司手中获得了10亿美元的投资，决定让阿里巴巴电子商务平台继续免费"服役"3年。马化腾也有钱烧，他改变了自己的方针，宣布了拍拍网终身免费的政策。显然这一次他想通过钱将马云压倒。而马云是一个非常有想法的人，他自然不愿意干这种烧钱的事情，况且当时他也没有马化腾那么多钱可以烧。虽然当时很多人指责马化腾的行为有悖于市场运营规律，但是这又怎么样呢？

马化腾不但有钱可烧，而且有庞大的腾讯QQ注册用户作为支持，所以此时的他在竞争中显得非常惬意。他曾经对记者说，他希望更多的资金能够进入中国电子商务平台系统，这本就是一件非常好的事情，这样就可以让更多的用户使用电子商务平台，而不是局限于那些商务人士。

这种理念是超前的，因为现在我们讲究的是草根文化，在互联网上同样如此。让更多的普通人能够进入到电子商务平台，让电子商务平台不再那么神秘。对于广大用户来说，其最为关注的是电子商务平台能不能给自己带来优惠，至于规则是怎么样的，他们毫不在乎。显然，此时的马化腾已经对电子商务平台有了一定的认识。

我们都知道马云在中国互联网市场中从来没有夸赞过别人，更不要说自己的对手了，但是这一次他盛赞了马化腾。他认为马化腾的策略非常好，虽然最终鹿死谁手还未可知，但是一生中能够遇到这样的对手，是他最为开心的事情，而正是这种对手的存在，使得他保持了警惕，并最终越战越勇。

2006年5月10日，对马云来说是一个不太舒服的日子。经过几年的发展，阿里巴巴在中国电子商务平台已占到70%的份额，在线商品已经达到3000万件。不过这些产品中有很多都是积压产品，也有一些不太走俏的产品，这就对阿里巴巴造成了很大的网络资源浪费。针对这个情况，马云想优化网络店铺的资源，对那些走俏的商品所属的商家收取一定的费用，然后再帮助他们增强曝光率，从而帮助他们进行销售，这就是"直通车"的雏形；而对于那些不走俏的商品则继续提供免费的网络铺面，他的这种计划叫作"招财进宝"。但是这种计划很快就引来了一片骂声。

本来马云的初衷是好的，对于已经赚钱的商家来说，收取一定的费用不但对他们没有任何影响，而且能够推动中国电子商务平台的发展，但是没有想到的是这一举动引起了来自各方的不满之声。而在行业内部，很多人认为马云的做法就是一种变相的收费，这和百度当年推出关键字排行是一个道理，而他所推出的免费政策已经"名存实亡"。那些本就盈利的商户不太满意马云的行为，因为他们毕竟要给予对方的一定费用；而没有盈利的商户就更不满了，虽然他们拥有了免费的铺位，但是显然不能和收费的铺位相比，这其实是在损害他们的利益。

而此时的马化腾并没有停止进攻的步伐，反而加快了进攻的力度。就在"招财进宝"计划搁置不前时，他立即宣布阿里巴巴既然开始收费，那么拍拍网当仁不让地成为中国最大的免费电子商务平台。针对阿里巴巴的收费，马化腾推出了一系列的政策，其中无一不强调拍拍网的终身免费制度，然后还推出了"蚂蚁搬家"和"黄金摊位"等等服务。此时，阿里巴巴的一些商户开始将目光转向拍拍网了。

而马化腾的招数非常多，在拍拍网的首页显著位置增添了"淘宝商户报到处"的链接按钮，声称对方如果能够证明自己是淘宝网的商户，就可以得到购物券以及黄金摊位，开张的时候还能得到大红包，甚至在淘宝交易过程中积累的信用度都可以转到拍拍中。针对这些商户，马化腾提供了最大限度的赠送和优惠政策。

这件事情在电子商务市场引起了轰动，而拍拍网的人气很快得到了提升，淘宝网很多商户也打出了"本店迁移拍拍，请您移步购买"的广告。而淘宝网还存在的商户也开始罢市，开始集体抗议马云的"招财进宝"计划，此时的阿里巴巴第一次面对僵局。

马云还是那个马云，面对这样的情况，他依旧表现得非常镇定，他对记者说："我的初衷绝对是好的。"

不过马云的这一次失误还是给整个阿里巴巴带来了一定的损失，就像当年QQ注册收费一样，恐怕在中国任何形式的收费业务都无法开展下去。

风云突变的电子商务平台

相信很多网友还记得那个风清扬,以及那篇名为《马云:谈谈拥抱变化》的帖子。这篇帖子出现在 2005 年 5 月 29 日,风清扬实际上就是马云自己,他一方面通过这个帖子解释了"集体罢市"的情况,同时也对广大的淘宝用户道了歉。

当然广大的网友都知道拍拍网虽然在这个时候取得了一定的先机,甚至有了战胜阿里巴巴的可能,但毕竟最终的结果不是这样的。

马云和马化腾之间的这种良性竞争显然还没有结束。之后马云发表了一番言论,而这番言论更是将两个企业之间的竞争推向了又一个高潮。

马云表示,马化腾的拍拍网的确从淘宝网挖去了太多的客户资源和优秀人才,但是他不认可这种行为,因为对方的这种做法并没有创新,并没有形成核心竞争力。马云希望所有人在市场竞争中都能够遵循市场秩序。随后马云指出腾讯公司大部分产品都是抄袭而来的,并没有自己创新的产品。

马化腾根本就不愿意接受这段话,他随后表示,在行业内人才流动是很正常的事情,任何因素都可能导致人才流动,尤其是在 IT 行业中,这种情况本来就屡见不鲜。而且他还表示,在国际市场上,电子商务平台本就是基本一致的,所以如果腾讯是在抄袭的话,那么中国所有的公司都是在抄袭。马化腾表示,他只是基于一定的基础进行了创新和改良,如果大胆地去颠覆的话，必然会成为不伦不类的另类，自然无法为广大中国网民服务。当年阿里巴巴就是通过免费的方式击败了国外的ebay，现在腾讯只不过用相同的方式改变了电子商务平台的格局，并没有做错什么，他反而认为这才是真正的市场秩序。

而从这一刻开始，阿里巴巴集团和腾讯公司之间的竞争进入公开化阶段。2006年11月21日又出现另外一件事情。

当时淘宝网的一些商家在出售腾讯QQ的QQ号和Q币，对此腾讯公司发出了律师函，认为这种行为是扰乱市场秩序，这些都是腾讯公司的产品，如果私自倒卖会影响腾讯公司的正常运营，同时也会给腾讯公司带来一定的权益损失，所以腾讯希望这些商家能够尽快终止侵权行为，而作为销售平台的淘宝网负有连带责任。但是淘宝对于腾讯公司下线相关产品的要求置之不理，他们认为自己只不过是销售平台，提供的是销售平台服务，对于商品的来源他们没有权力知晓，应该由卖家自己负责。当时在这一方面的法律还不够健全，所以一时间也说不清楚谁对谁错，这件事情也引起了双方的争论。

一个月之后的2006年12月31日，拍拍网公关部看到了一条名为"淘宝打击Q币被盗"的新闻，不过这件事情并没有引起很大的风浪。

第二天，也就是2007年的元旦，上海的一家报纸再次出现Q币被盗的新闻，这条报道将Q币被盗的所有信息汇总在一起，并从法律角度解读了腾讯公司需要对这件事情负全部责任。此时马化腾开始意识到问题比较严重了，并和这家报社取得了沟通。

我们到现在也无法知道当时的这次事件是不是受一些企业的指示，但是这件事情的确引起了一定的轰动。而业内的一些专家也指出，中国的企业在发展过程中，通过这种方式来占领舆论优势高地很平常，只不过在电子商务平台是首次罢了。

当年在和ebay竞争的过程中，淘宝的确是受到舆设影响，从而使得ebay的信用度开始下降，并最终取代了对方。能够善于利用舆论优势本来就是商场竞争的手段之一，这种舆论攻势一般采用两种方法，一种是通过匿名信的方式发表，其实都是相关公司公关部门策划的，如果这个稿件有一定价值的话，媒体就会对此大肆宣传；另外一种就是借助广告公司购买整个版面，然后撰写相关的报道文章。而在后来中国的市场，这种舆论竞争的模式已经成型，甚至成为一条非常成熟的服务链条。

至于这条新闻到底是不是马云的阿里巴巴公司所为，谁都说不清楚。

但是不管怎么样，此时腾讯团队的拍拍网在中国电子商务领域已经站稳了脚跟。到2006年底，根据一项统计数据表明，在当年中国电子商务平台的交易中，淘宝、ebay和拍拍网占据了整个市场份额的90%。显然在这个领域，腾讯公司又一次顺利进入，成为足鼎立中的一足。

至此，在中国互联网的发展中，几乎每个领域都有了腾讯公司的身影，他们的每一场战斗都取得了足够的成功。在这一系列的战斗中，腾讯只有和百度的竞争处于劣势，其他基本上都完胜对手。

不过需要指出的是，在之后的发展中拍拍网很快显出了颓势，很快就从中国电子商务的前三甲中退了出来。这其中有很多原因，或许京东、苏宁易购、当当等的迅速崛起是一个方面。不过后来手机购物的迅速介入，使得这项只停留在PC端的平台开始变得多元化，而腾讯公司又一次借助他们强大的注册用户，在微信的助力下，赢得一定的市场份额。市场在不断变化，当我写到这里的时候，传出了京东和微信进行合作的消息，两者正试图通过手机端完成对淘宝网的"超车"。

市场本来就是风云变幻的。

电子商务的整体战略

腾讯公司无疑是中国最能赚钱的互联网公司，据说腾讯公司每天的收入都能够达到 3000 万元，但是对于马化腾来说，还有一个伤痛，那就是无法在中国的电子商务领域取得足够的市场份额。马化腾也知道这是自己团队的硬伤。

上文中已经提到，2006 年腾讯公司推出了类似于淘宝的 C2C 平台——拍拍网，之后腾讯公司又不遗余力地推出了 QQ 商城和 QQ 网购，甚至还收购或投资了易迅网和高朋等电子商务网站。通过这些行为可以看到，马化腾在电子商务方面有着十足的信心，显然他想要攻占下这块地盘来。虽然腾讯的旗下拥有多个电子商务平台，但是这些平台各自为政，并没能形成一个整体，很长一段时间里马化腾并没有找到解决这种局面的好办法。

2012 年，腾讯公司内部的财务报表显示，腾讯公司在电子商务方面的交易总额只有 44.28 亿元，这和其在中国互联网市场的地位显然不符，就算是将开放平台 160 亿元的交易额计算在内，与京东商场 600 亿元的交易收入也不可同日而语。

这个时候马化腾希望走一条整合的道路。2013 年 3 月 26 日，腾讯公司旗下的 QQ 网购和 QQ 商城合二为一，统一以 QQ 网购的形象出现，也是从这个时候开始，腾讯公司在电子商务平台"自营＋开放"的整体战略开始实施。

当然普通的用户很难察觉到 QQ 网购和 QQ 商场合并，就算是两者合并了对于，消费者来说也没有任何的全新体验，这是因为腾讯公司在技术上采用了自动跳转的方式，从而让用户没有任何感受地就直接进行了跳转，而且本身 QQ 网购和 QQ 商城在经营品类和呈现的方式上就没有什么区别。腾讯公司内部对这两个平台有过不同的定位，QQ 商城是属于商家的平台；而 QQ 网购则引入了一些 B2C 平台，比如当当网、凡客诚品等等，这里更像是给平台提供平台的平台。

　　对于普通的消费者来说，这些都不重要，只要价格方面有优惠，谁还去管到底是 QQ 商城还是 QQ 网购呢？但是对于入驻的商家来说问题可就大了，这种合并对于他们来说可是生死攸关的。因为腾讯公司表示，在合并之后 QQ 网购的商家数量要在之前的基础上进行大量精简，也就是优胜劣汰，只会保留原先商家中不到 30% 的优秀商家，一些服务差且产品没有任何优势的商家将会被清退。

　　马化腾这样做，就是为了提高腾讯公司在电子商务方面的口碑和用户的满意度，同时也是将腾讯公司所拥有的大量流量有效地进行转化。吴宵光是腾讯公司电子商务的高级执行副总裁，他指出 2013 年腾讯公司会加大力度对优质商户进行补助，甚至设立了 6 亿元的奖励基金补贴流量。

　　其实这个时候很多人知道腾讯公司手中还有一张好牌，那就是易迅网。

　　2011 年，易迅网还只是一个聚焦华东地区的区域电商，在腾讯公司的大量资金和资源的投入下，经过一年的发展，其已经不断北上和南下，在上海、深圳、北京、武汉、西安和重庆等城市分别建立了仓储物流中心。当时腾讯电商助理总经理宋旸告诉网友，到 2012 年底，易迅网的订单已经稳定在每天 2 万个以上。显然，易迅网的崛起能够很好地补充 QQ 网购和拍拍网。

而且腾讯公司内部在2013年筹划了一件大事，决定在下半年将QQ网购和易迅网的后台完全打通，到那个时候第一批商户大约10万余种商品就可以通过易迅网自己建立的物流中心进行高规格的配送，甚至可以实现订单、账号和支付等体系的完全统一。马化腾的这种做法就是要促进开放平台和自营平台的很好结合，让这两个拳头能够结合在一起，从而结束当年各自为政的局面，将资源最大化利用。

　　马化腾的这种做法体现了腾讯对控制力的追求，通过这些我们也能够看到腾讯公司在这方面的野心。2012年吴宵光为腾讯公司的电子商务制定了5年后达到2000亿元的目标，也就是说要比现在扩大10倍。不过很多业内人士认为，这个目标很难实现，因为整个中国现在都在发展电子商务事业，在这里不是只有一个腾讯公司，况且在电子商务领域腾讯公司的市场份额占有率很低。虽然在2012年易迅网4个季度的营业额从7.5亿元到8.6亿元再到11.3亿元，最后一个季度更是达到16.8亿元，但是这些都和5年内2000亿元的目标相差太远，毕竟中国的电子商务强手太多了。

　　吴宵光拥有这样的豪情是有理由的，因为当时马化腾给予了其足够的支持。腾讯公司最不愁的就是流量，电子商务平台的竞争实际上就是流量的竞争，其他平台为了获得流量不惜提高成本，但是对于腾讯公司来说这根本就不是问题，因为他们有8亿QQ用户，这些用户能够给予他们足够的流量，而且这种流量基本上就是免费的。而腾讯电商从流量来的广告收入已经超过过了他们的佣金收入。吴宵光希望在后期这些流量能够市场化，让商家自己去购买流量，并且要懂得珍惜流量，而且腾讯公司还将建立一个良好的生态环境，让商家获得更多不需要支付费用的流量。

　　而腾讯公司还有一个比较自信的地方，那就是移动互联网的发展。一项数据统计表明，到2012年底，国内移动电子商务的用户已经达到1.49亿，同比增长了62%，而且这种势头还在持续之中。而微信截至2013年底已经拥有了3亿用户，这就是腾讯公司的未来。如何将电子商务和微信很好地联系起来，这成为马化腾接下来需要思考的问题，而一旦这个问题思考清楚，相信腾讯公司将会迎来一个飞跃式的发展。随着微信会员卡等的推出，腾讯微信已经占到了一定的先机，但是他们的路还很长很长。

2013年1月30日，腾讯公司正式在江苏扬州成立了腾讯电子商务运营中心项目，而腾讯公司这次将这个项目放在扬州，得到了扬州市政府的大力支持。这一次腾讯公司将要成立腾讯电商的呼叫中心、商品管理、物流管理、财务结算、业务培训和部分研发中心等，并在这里得到很好的统一和整合。马化腾表示，经过3到5年的发展，这个中心的规模将会达到4000人左右。

腾讯电商2012年在B2C领域取得了180亿元的成交额，而在未来的发展中，所有腾讯公司的员工都充满了信心，他们坚信在中国电子商务领域，腾讯公司同样能够占到足够的市场份额，成为这个领域的领导者。

腾讯电商拥有秘密武器

为了抢夺电子商务市场份额，马化腾带领着腾讯团队尝试了很多方法，虽然他自己也表示曾经走了很多弯路，但如果没有这种弯路中的总结，怎么可能走出一条康庄大道呢？

腾讯公司曾经非常具有创举地将云端内容服务和硬件厂商相结合，这在中国电子商务领域尚属首例。马化腾的这种试水谁也不能确定是对还是错，但是他走了这条路，那就会坚持走下去。

其实在亚马逊中就有数字图书、音乐和视频等业务，亚马逊利用已有平台有效地整合数字内容和终端，这种商业模式为其带来了巨大的效益。看起来，腾讯电子商务想在这个方向上进行发力。而当时腾讯电商的这一战略构想的产品也已经开始出现了。

2013年的一天，腾讯电商旗下的易迅网推出了一个全新的频道——发现频道，并在这个全新的频道下发布了一款由QQ音乐和国际顶级无线HIFI系统供应商Sonos联合打造的无线高保真音响。来自手机、平板电脑、电脑等任何终端的QQ音乐用户，都可以通过无线控制技术来遥控这款音箱进行高清音乐的播放，显然这一次在这个领域，腾讯公司成为首次尝试的企业。

就像在前面说的一样，虽然这种合作在国内尚属首例，但是在国际上已经有企业走出了一条成功之路。这个企业就是国际电子商务巨头亚马逊，其旗下的 Kindle 产品早就取得了成功。通过无线网络的用户可以通过 Kindle 联网购买、下载和阅读电子书、杂志、报纸与博客等电子媒体。业内人士指出，仅仅 2012 年一年，亚马逊所有的 Kindle 产品销量将会达到 3170 万台，而硬件的销售总额能够达到 42.8 亿美元，内容销售额能够达到 51 亿美元。显然这三个数字吸引了马化腾，也吸引了腾讯电商团队。正是亚马逊的这种创新，使得国内很多互联网企业看到了数字图书、数字音乐和电子游戏等文化内容和硬件捆绑之后带来的巨大商机。或许到了 2015 年，全球数字音乐的收入将会达到 90 亿美元，而这仅仅是数字内容所创造的价值，其中并不包括庞大的终端硬件市场。我们可想而知这个市场有多么大。

正是因为这种利益的驱使，国内一些电子商务的巨头纷纷开始尝试这种项目，阿里巴巴、京东商城以及苏宁易购都纷纷在最新的组织架构中对这一部分进行了挑战，成立了数字音乐等内容部门，不过和腾讯电商相比，他们还是晚了一步。

根据腾讯电商的数据，当时 QQ 音乐每个月有超过 2.5 亿的 PC 端用户，以及 5000 万手机移动端用户，这些基本覆盖了中国互联网用户的一半人群，在这个模式下显然腾讯遥遥领先。在知识产权保护上腾讯公司做得不错，因为在 QQ 音乐平台上的上百万歌曲都获得了制作公司或唱片公司的正版授权，所以腾讯公司不担心这一部分带来的侵权，这也为他们扫清了发展中的最后障碍。

而且 QQ 音乐已经推出了一跨名为 Qplay 的智能音响解决方案，这个方案中显示，腾讯公司会和音响、汽车、电视等等能够承载音乐的厂商取得合作，通过开发应用程序接口，从而支持在各种终端设备无线播放手机上的 QQ 音乐，再借助腾讯公司旗下的易迅网和 QQ 商城等电子商务平台进行销售。

要知道参与这个计划的企业都非常有名，包括 Sonos、DENON Marantz、罗技、飞利浦、福特、通用、TCL 等十几家国内外知名企业。

虽然这种理念在产品理念和整体的战略构想上都和 Kindle 有类似之处，但是腾讯电商在操作模式上却有自己的创新，和 Kindle 几乎完全不同。Kindle 采取的是内容植入的方式，也就是说内容和产品已经绑定了；而腾讯电商则采取无线控制的方式，消费者可以通过手机、平板电脑、PC 端电脑等设备发出指令，从而实现对音响的遥控。

QQ 音乐的负责人表示，无线控制在行业内属于领先技术，是一种更加开放的技术手段，而且具有很大的优势。从扩展性上来看，无线控制将单一的硬件产品变成多终端的更多可能；通过无线控制模式，可以在音响、家电等终端装上特殊的智能芯片，就可以利用 Qplay 连接上 QQ 音乐，不会像 Kindle 那样受到平台的限制了。

让我们举个例子。

比如 QQ 音乐和 Sonos 音响之间进行合作，当手机 QQ 音乐和 Sonos 音响处于同样的 WIFI 环境下时，两者都可以通过 WIFI 轻松实现识别和配对，从而让音响直接播放 QQ 音乐中的音乐。而且在这种传输中，音乐的音质和音色都不会受到影响。当然这种解决方案在电视和汽车当中同样适用，用户可以通过 TCL 智能电视播放 QQ 音乐上的音乐和 MV；和福特汽车的合作则是通过一个接口将手机和汽车的系统结合起来，从而将手机 QQ 音乐中的歌曲通过汽车的音响实现播放。

这其实就是腾讯电商推出的云端服务和终端硬件结合的模式，这种模式的形成使得新的商业机会得以盛行，对终端硬件厂商来说，和 Qplay 进行合作就可以获得更多的内容和用户，从而增强自己的产品在同行业中的竞争力。

其实电子商务行业的竞争很长时间都在采用最传统的方式，即通过价格战来吸引用户，这种做法完全就是一种无厘头打法，一旦停止烧钱，之前的努力就等于无条件放弃了。因为受到这种价格战的影响，很多垂直类 B2C 平台陷入了同质化价格竞争当中，他们渴望在价格中找到突破。所以到了 2013 年，几乎所有的电子商务平台都开始寻求盈利的地方。

腾讯公司旗下的易迅网很快就宣布了将对组织机构进行调整，其中最为引人注目的就是成立了企业发展本部。按照易迅网的 CEO 卜广齐的说法，这个部门是腾讯电商创新业务的基地，会在公司层面对移动电商、O2O、供应链金融以及自有品牌等新领域投入资源，打造易迅用户专有的商品和服务。而易迅发现频道的推出和 Sonos 音箱的发布，则被视为这个方向的尝试。

易迅网高级运营总监潘彪也表示，结合 QQ 音乐 Qplay 的 Sonos 音响已经具有了腾讯公司的"烙印"，在接下来的发展中，这种模式下的产品将会不断出现在易迅网上，不过他们并没有透露具体的计划。

不过腾讯公司并没有想着依靠此产品迅速突破，显然这又是一次战略性布局，因为这是一种全新形式的体验，市场需要一段时间来适应，但是腾讯公司坚信，通过提供独特内容服务的商品，将为易迅带来差异化竞争优势。

而在 Sonos 的线下专卖店中，和 QQ 音乐进行结合的这款产品被该公司当作核心产品在推广，而且线上线下一起联动。在深圳会展中心的一家 Sonos 的店面中，这款产品被摆放在最显眼的位置，仅仅一个月的时间，这款产品在这家店就销售了 100 台以上，超越了其他所有的产品。显然人们已经认可了这种产品。

而在 2013 年 3 月，这款产品在易迅网上正式开始销售，其市场定价也不低，为 2980 元人民币。

腾讯公司的这次创举是参考了亚马逊的盈利模式，在当时的国内还没有企业有过云端服务和硬件结合进行销售的成功案例。腾讯公司这一次就是要通过这种方式成为创新中的创新，要在这一领域成为先行者，同时也成为领导者。而或许这就是腾讯电商在日后的电子商务大战中获胜的"致命武器"吧。

第十二章 / 移动未来——小微信，暂得移动端先机

随着电子商务的火热，以及智能手机在中国如火如荼的发展，移动电商时代已经到来。越来越多的人开始适应在手机上进行购物，而这种购物模式促进了这个行业的发展。这一次马化腾又一次抢占了先机，腾讯公司推出的微信业务很快获得了人们的认可，虽然刚开始这款产品只是社交工具，但是随着不断发展，其已经拥有了太多其他的功能。微信同样能够购物了！

微信进入人们的生活

本书的多处介绍过，互联网是一个讲究快的地方，而马化腾正是因为先人一步，从而占领了IM市场，随后即便出现了很多挑战者，但都纷纷败于腾讯QQ的马下，一时间腾讯QQ几乎占领了中国IM的所有市场，摆出了傲视群雄的姿态。

但是历史是不断发展的，如果马化腾只是躺在腾讯QQ带来的IM市场上睡大觉的话，那么必然会有全新的企业代替其领先地位。事实上是这样的，

随着移动飞信的不断壮大、新浪UC的发力，阿里旺旺也随着淘宝的兴盛而开始后程发力。虽然很多人在使用旺旺时还是以购物为主，但是的确有那么一些人，打开电脑的第一件事情已经不再是开QQ，而是开旺旺了，因为他们想知道他们的"宝贝"有没有发货，"亲"给她们有没有留言等等。

这个时候马化腾坐不住了，如果这样等下去，好不容易打下来的市场很快就会被别人抢夺。

也就在这最紧要的关头，腾讯公司推出了腾讯微信，这款产品的上线很快让腾讯公司再一次杀到了IM市场的领导者地位。

在推出微信之前，腾讯公司除了受到了阿里旺旺的挑战之外，还受到来自移动飞信的挑战。移动飞信是一款支持移动用户相互免费发短信的软件，不过联通和电信的用户并不能直接使用，他们只能通过邮箱注册，却并不能直接使用。而在腾讯公司的官方说明中，在讲到微信的时候一直在提"短信"这个字眼，由此可见，微信的直接对手并不是如日中天的阿里旺旺，而是隐形杀手——移动飞信。腾讯公司一直说微信是一款新一代的短信载体，他们的目标就是淘汰原始的短信沟通方式。这款软件的注册方式非常简单，用之前使用的QQ号就可以直接登录，后来则是绑定手机号注册。微信的出现就是在和移动飞信抗衡，其定位也要高于移动飞信。马化腾的目标很明确，他就是要在一定的时间里用微信代替智能手机中的短信功能，从而让所有的用户更加依赖于腾讯公司的产品。

其实这和马化腾之前想要建立的一站式在线生活服务的想法是一致的。

马化腾当年在提出如上理念的时候，中国的智能化手机还不够发达，所以其看重的是IM、门户、搜索、网络游戏和电子商务的整合，而随着iPhone在中国的普及，以及后起的诸如小米等等国产智能手机的出现，越来越多的人开始依赖于手机，而不再是电脑。虽然 PC 端的服务还没有退出历史舞台，但是手机端的服务已成为用户最关注的对象。所以在这个全新的市场中，谁先抢到先机谁就很有可能胜出。

我们来看看腾讯公司推出微信的目的，很多人认为腾讯公司推出微信就是要和移动对抗，这种说法有一定的道理，但是事情远不像人们想象的那么简单。当年移动公司的老总前去考察腾讯公司，而移动用户 GPRS 流量有一半以上都是来自于 QQ，移动公司自然知道他们略微有些受制于腾讯公司，所以希望能够找到解决的办法。但没想到腾讯公司很快就推出了微信软件。

马化腾事实上一直不满意移动等运营商。在前文中就讲过，当年移动公司推出移动梦网服务虽然解决了腾讯公司收费渠道的问题，但是移动公司多少有些"店大欺客"，很快就引起了整个中国 IM 行业的不满。只不过大部分企业只能选择默然接受，而随着中国移动的 IM 工具移动飞信的推出，其更是强势占领了很多 IM 企业的市场份额。

在那个时候腾讯公司就知道，自己肯定会和移动公司有一场市场份额的争夺战，这一次推出微信就是为了抢夺市场份额。

不过也有网友分析后认为，微信很有可能就是腾讯公司和移动公司在协商之后推出的产品，因为现在移动推出的套餐业务中已经很少有短信多少条多少条的套餐了，取而代之的则是关于流量的套餐，微信不就是一个需要大量流量的产品吗？如果是这样，这个时候相信最着急的就是联通和电信了，可是联通和电信的手机号码同样可以使用微信。所以这种观点分析得并不足以令人信服。

不管怎么说，腾讯公司推出微信对于广大的用户来说绝对是一件好事情，因为使用短信只能发送文字，而彩信费用相对又高，直接打电话很有可能遇到对方没有听到电话的情况。现在微信很好地结合了这三项服务，文字、图片、语音等等都可以发送。随着腾讯公司的不断研究，微信的功能已经越来越完善，在客户体验上也做得越来越好。

我不知道广大网友是不是依赖于这款产品，但就个人而言这款产品对我的帮助非常大，有时候甚至有点依赖，因为其优化了我的生活，给生活带来了便利。

其实早在微信出现之前，IM市场上就有过相关的类似产品，就是Kik Messager。

Kik Messager是一款操作非常简单的跨平台聊天软件，其最大的优势就是简洁，且很长一段时间里在Apple App Store上高居榜首。根据一项数据统计显示，到2010年底，Kik Messager的用户数已经达到250万。虽然这个数字和腾讯QQ的数量没有办法比，但是对于这样一款软件来说，这个数字已经非常庞大了。这款软件在安装之后就能够迅速检查你手机上的通讯录，告诉你通讯录中有那些人同样安装了这款软件，这样你们就可以相互成为好友，正是这个功能使得Kik Messager就如同病毒一样很快在人们中传播开来。

或许这个时候网友们才会恍然大悟，原来我们使用微信等等软件时，那些"通讯录中某某也在使用微信"的提示是在效仿Kik Messager。

随着Kik Messager的兴起，传统的短信和彩信受到了很大的冲击，传统的运营商自然也非常着急，如果Kik Messager按照这种势头不断壮大下去，那么很快就会威胁到他们的收益以及他们的市场份额。此时，国内的移动互联网领域也推出了类似的产品，诸如米聊、个信和遨信等等。不过这些产品并没有大面积进入国人的脑海中，其实他们所欠缺的还是庞大的用户数，如果让他们从零开始做起的话，本身就是很有难度的事情，而且也是一件很烧钱的事情。

这个时候腾讯公司又一次出现了，因为他们有庞大的注册用户数量，而且他们现在也不缺钱去烧。正是因为这两种优势，腾讯公司低低调调地进入了这个领域，推出了类似于 Kik Messager 的产品，也就是我们现在熟知的——微信。

腾讯团队虽然是"模仿达人"，但是他们的每一款产品在模仿的同时，会进行一系列大胆的创新，他们是模范和创新的结合体。

当用户下载了微信的 APP 之后，就可以通过自己已经拥有的 QQ 账号进行注册登录并且激活，当然也可以通过邮箱的方式直接注册，大部分的网友还是会选择 QQ 号码来注册，毕竟这种操作简单得多。不管采用什么方式，原先的 QQ 号码只能用来激活，如果想操作微信的话，还是需要拥有一个全新的微信账号，这就说明微信的账号体系和 QQ 的账号体系是分开的，并不是一个整体。

如果用户是第一次使用微信，那么其在微信内是没有什么好友的，这个时候就需要"找朋友"，此时微信还是模仿了 Kik Messager 的"通过通讯录查找"的功能，因为这种功能的确非常方便，同时也会增加微信的使用用户。当然我们也可以通过 QQ 好友以及邮件的方式邀请更多的好友开始使用微信。

微信最核心的功能就是免费发送文字、图片和语音信息，当然前提是在有 WIFI 的情况下，如果没有 WIFI，那就需要使用手机流量。因为微信做到了全平台的支持，所以像 Kik Messager 一样给传统的运营商带来了很大的冲击。而在功能中，微信用户在操作中可以实现对话式聊天、对方输入状态的显示、发送本地照片、发送长文本等等，显然微信的出现更加便利了人们之间的沟通。

不过微信毕竟是一款新型的产品，就像当年腾讯公司推出腾讯 QQ 的一样，还有很多不足的地方，他们需要不断地更新版本从而让用户有更好的体验。腾讯公司随后不断更新版本，以提高用户体验。

比如最初的时候腾讯微信只能支持手机 IOS 系统，而无法支持 Android 和 S60 平台，腾讯公司很快进行了整合和研究，最终推出了适合这两个平台的版本。

另外，我本人在使用微信的过程中发现了一个问题，当我们通过微信给好友发送图片的时候，图片会进行压缩，这样对方收到的图片实际上已经不是原本的图片了，虽然图片变小了，但是在我的后台运行中同样占了很大的内存，对手机的耗电量也是一个不小的挑战。

不过不管怎么说，微信的出现具有划时代的意义，虽然在其之前有过类似的产品，但毕竟这些产品在运营过程中没有腾讯公司这样先天的优势，所以可以说，腾讯微信是对中国即时通信的一次革命，在这个领域的改革才刚刚开始。

路就在前面，还需要一步一个脚印地走下去。

不断深耕的微信

随着微信的上线，其用户数量在不断增加，甚至可以用"井喷"来形容，当然最根本的原因还在于腾讯公司庞大的注册用户数。可以说，微信是传统通信手段和互联网技术的结合体，其将邮件、短信、手机、Email、SNS、微博和IM等工具结合在一起，这种个性化的沟通方式将会让人们直接的沟通变得更加便捷化，而腾讯公司这一次又掀起了一股风潮。

现在的微信已经很全面了，可以实现文字和图片的传送，还能够通过建群的方式实现多人聊天。通过这款软件，我们可以随时随地和朋友们取得联系，而且腾讯公司已经推出了支持iPhone、Android、Symbian等多个平台的版本。

腾讯微信仰仗的同样是庞大的QQ用户，据腾讯公司官方给出的数据，腾讯QQ已经拥有6.366亿的用户，而且这个数字每天还在增长。马化腾正是看中了自己手里的这张"好牌"，而且其对互联网的发展模式已非常了解，使得腾讯公司这一次又占到了先机。实际上在这件事情上电信运营商是束手无策的，虽然飞信根植于用户的手机电话本中，而其也在不断地摸索和前进，不断改进自己的服务，但毕竟在整体的互联网市场中并不具有优势。而且现在人们对手机电话本的依赖一直在下降，很多人都已经习惯了虚拟互联网的沟通，人们的人际关系网已经不再那么单一化了。很多人已经不再有事没事翻看自己的手机电话本来和别人沟通了,手机电话本的功能已经开始淡化。

所以当腾讯公司推出微信的时候,其一下子就吸引了人们的眼球。

当然腾讯公司的举动远不止于此,2013年2月腾讯公司和香港的运营商PCCW Mobile,也就是电讯盈科再一次合作,这一次他们合力推出了一款价值8元的微信套餐。当时很多人以为腾讯公司肯定会和大陆的运营商进行合作,但是过了许久丝毫没有听到双方有合作的消息。

我们对于双方在合作上迟迟没有举动的原因不得而知,但是最终他们还是选择了合作,双方合力推出了微信定制服务。这种定制服务是双向的,用户可以通过微信定制服务享受运营商提供的流量优惠,也可以通过套餐享受运营商提供的微信特别功能。但是这种合作到底什么时候会进入实操层面还不得而知。

其实早在2012年马化腾就和大陆的运营商有过两次合作。

但是这一次的合作却不怎么顺畅。

2013年3月,网上一度传出微信要收费的消息,3月16日甚至有了"三大运营商讨论监管腾讯OTT业务"的报道,后腾讯公司几次辟谣后,4月这个消息才没有再度传出。

其实无论是腾讯公司的核心团队还是大陆运营商的一些高层,都希望看到两者合作,这种合作对于任何一方来说都是利大于弊,两方都能够获得足够的利益,他们当然希望看到这种合作能够进入日常进程之中。

此次推出的微信套餐实际上是双向优惠政策,至于具体的合作方式还不得而知。其实这种合作在国际市场早就有先例,类似微信的产品Line就和日本的KDDI以及NTT Docomo取得了合作。在双方的合作中,Line加入了KDDI的"Smart Pass"的精选应用群,用户只要支付4.7美元就可以享受无限流量；随后在 Line 和 Docomo 的合作中，Line 提供了专有版本，这种专有版本增添了拨号按钮功能，用户可以在 Line 的界面实现直接拨号，假设用户将电话号码和 Line 绑定的话，那么就可以在专有版本的 Line 内实现通话，而这种通话则是免费的，绑定手机号码的 Line 应用之间的通话也是免费的。

国际市场的这种合作很多，比如英国的运营商沃达丰（Vodafone）就和 Skype 取得了合作；美国的运营商 Sprint 也曾经和 Google Voice 取得了过一定的合作；德国电信（T-Mobile）和 Spotify 也有过合作等等。在很多人眼中，这一次马化腾和内地运营商达成合作应该是水到渠成的事。

而且根据马化腾一贯的行事风格，这一次其和运营商之间的合作应该会效仿国际先例，体现在流量套餐、专有版本的服务、拨号优惠等等方面，至于具体的优惠政策我们只能拭目以待了。

2013 年 6 月底，在上海召开了亚洲移动通信展，在这次展会上推出了拥抱流量时代的口号。显然 4G 时代是一个全世界范围在讨论的话题，而随后运营商该如何操作和经营 4G 流量，将又会掀起另外一次大型讨论。

日本的运营商 Softbank Mobile（软银移动）在经营流量方面有十足的经验，是一个完全意义上的流量时代宠儿。从 2006 年开始，软银移动的整体 ARPU 值是不断下降的，这主要是因为语音业务的跌幅大于数据业务的增幅，可就是数据业务的不断增长遏制了这种下跌。到了 3 月，软银移动和日本运营商的龙头老大——NTT Dococmo 开始缩小差距。

虽然中国运营商在"流量时代"的步伐稍显缓慢，也晚于我们的近邻日本，但是通过借鉴这些优秀企业的做法，或许我们能够看到未来发展的模式和方向，相信中国的运营商也能够拉近和世界的差距。

至于接下来腾讯公司会怎么做？他们和大陆的运营商将会如何合作，让我们拭目以待。这个领域本就是一个不断发展的领域，谁都无法确定自己的未来是什么，只要有属于自己的梦想，然后坚持下去，相信就能够取得属于自己的成功。

对于马化腾来说是这样，对腾讯团队来说同样是这样，甚至对于每个人来说同样如此。拥抱梦想根本就没有对错之分，当年如果马化腾不是为了拥抱自己的理想，那么今日我们就不会看到在中国互联网行业中如日中天的腾讯团队了。

发力移动电商

其实这一次腾讯公司推出微信，他们所面对的对手是来自不同领域的不同企业和产品。举个最简单的例子，腾讯公司推出微信之后，我们在新浪微博上逗留的时间就少了很多。

新浪网推出的新浪微博上线不久就取得了骄人的成绩，而财大气粗的新浪网更是对这款产品进行了大力扶持。虽然之后几乎各大网站都推出了属于他们的微博产品，但是还是新浪网占尽了先机，随后的腾讯微博、网易微博还有搜狐微博等等都不能和新浪微博抗衡。而新浪微博随后更是注册了wei-bo.com的域名供新浪微博使用，一下子让不知情的网友以为只有新浪的微博才是正统的微博，其他的全都是"盗版"。

虽然新浪微博和腾讯微信从严格意义上来说并不是一个领域的产品，但是微信的推出同样给新浪微博带来了很大的冲击。根据数据统计表示，2012年第三季度用户在新浪微博上逗留的时间已经比第二季度下降了很多，显然这种下降和腾讯公司的微信有很大的关系。

不仅如此，微信在不断占领用户流量的同时，还将在微信业务中推出支付服务。这种操作一方面方便了广大用户，另外一方面相信也会为腾讯公司提供大量的收入，腾讯公司的这次举动将会成为社交网络获利的新举措。虽然微信的服务已经吸引了很多用户，而且占据了该领域的鳌头，但是创收模式并不明显，而虽然传出了腾讯公司要让微信收费的传言，但显然这种消息的真实性有待考证，因为经过腾讯QQ收费的风波之后，相信马化腾再也不敢轻易动收费的念头了。当时的腾讯公司的确缺钱，可是现在的腾讯公司根本不会为钱担心，那么腾讯公司怎么可能冒险收费呢？

微信其实一半是短信方面的服务，另外一半是社交网络。其允许用户通过电话发送语言短信、照片和其他的媒体内容，但是腾讯公司不可能额外收取微信的服务费。

腾讯公司于2011年1月正式推出微信服务，从这一天开始，微信已经受到中国智能手机用户的广泛欢迎和认可，无论是国内的还是国际的其他手机聊天软件根本无法和其比拟。不仅普通的用户，现在很多企业家也开始使用微信，人们对微信的依赖已经不仅局限于和朋友聊天，其已经开始进入商业领域，很多人都通过微信展开工作。

微信虽然不是完全原创的产品，但是用户根本不在乎这些，他们所看重的是微信优秀的一面。腾讯公司本身是中国最大的上市互联网公司之一，其市值已经有580亿美元，所以他们在开发产品和改造产品方面的能力非常强大，他们凭借着自己独特的优势让这款产品深入人心。此刻的马化腾知道，微信要想成功绝对不能推出收费的政策，他们要做的就是让这款产品变得更能吸引用户，而吸引用户最好的办法就是推出足够优秀的服务和业务。

而这一次腾讯公司决定在微信上开通支付功能，目的就是吸引广大用户，以此来为广大用户服务。

腾讯第三方支付平台——财付通的负责人赖志明表示，财付通和美国e-bay公司的paypal在服务上一样，卖家可以直接受理来自买家个人账户的网上支付。赖志明甚至表示，用户可以扫描产品的条形码，然后通过财付通进行支付。

其实马化腾这一次推出该服务，还有吸引广大线下商户的广告费用的目的。如果微信能够实现线上和线下的联动，那么一些零售商铺、饭店会纷纷看到这种服务而进行广告投放，腾讯公司将会获取足够的广告费用。互联网应用服务提供商肯定会看到手机广告的强大市场，因为智能手机已经非常普及，如果说往前推几年，苹果手机还是一件奢侈品的话，那么现在其价格已经能够被普通人接收，就算是无法接受苹果手机的价格，一系列国产低价高能智能手机的推出也满足了这一部分人的需求。

智能手机已经不再是大城市的产品，在中国任何城市都能够看到智能手机普及了，所以在智能手机上推出广告的基础已经打好。

另外，腾讯公司的高管们同样看到了电子商务方面的业务，虽然他们在PC端凭借产品拍拍网和阿里巴巴集团展开了竞争，但显然腾讯公司在这一部分的市场份额少得可怜，而此时他们看到了手机端的强大，于是决定耗费巨资在手机端实现电子商务，毕竟腾讯公司拥有的财付通在该市场中占有20%的市场份额，仅仅低于阿里巴巴集团支付宝的47%。

不过虽然马化腾有了这样的想法，腾讯公司也有着足够的优势，但是并不能代表这一次腾讯公司就能够成功，他们并没有稳操胜券的实力。新浪的新浪微博已经被人们所认可、人人网也得到了广大学生的喜欢，但都没能在这一部分上实现赢利，其所创造的价值也是有限的。很多业内人士认为，马化腾的这种举动很有可能导致失败，因为中国的消费者与商店之间还缺乏通过手机进行支付的技术水平，甚至双方之间的这种信任尚未建立。要知道中国的消费者不怎么愿意轻易透露自己的个人信息，这也是这种支付方式不能够实现的原因之一。

腾讯公司完全可以将微信看作腾讯QQ的手机版，如同腾讯QQ一样，通过其将用户吸引到腾讯公司其他收费的产品上去，这样也能够促进腾讯公司的创收。而且在此时微信已经被国际市场所认可，很多外国人也开始使用微信，这些人有的是在中国工作的外国人或有中国朋友的外国人，有的则是和中国没有任何关系的人，就像国人使用Facebook等国外工具一样。

值得注意的是，一些手机商也认可了微信的重要性，一些手机在出厂的时候就已经预装了最新版本的腾讯微信，而这几年中国手机生厂商的销量突飞猛进，不仅在国内就算是在国际市场上也时常能够看到中国品牌的手机。

但是这一次马化腾没有在意这些优势，按他的理解，移动电商必然是一个趋势，要在这个趋势中占得先机，微信和财付通的绑定就一定要实现。他知道这种绑定虽然让他丧失了很多眼前利益，同时也担负着失败的风险，但是他还是相信成功就在前方。

马化腾当然急于找到微信赚钱的模式，虽然其有充足的资金养着微信。但他寻找这个赚钱的模式并不是为了赚钱，而是要在市场上先人一步抢占市场，一旦这种盈利模式被别人先开发，那么腾讯公司占有那么大的流量又有什么用呢？

在这段时间里马化腾也研究了同类产品盈利的模式。

当时在该领域盈利较好的当属韩国的Kakao和日本的Line。Kakao是在2010年3月上线的，据说其创始人有着雄厚的背景，在十几年前就创立了韩国最大的游戏平台Hangame，之后还担任过韩国最大的互联网集团NEN的CEO。他离开NEN之后就开发了Kakao，随后两年半的发展让Kakao拥有了6200万的注册用户，据统计经过这个平台每天发送的信息数量是韩国三大短信运营商总和的3倍。

Kakao 最初也和大多数的通信应用没有什么区别，只不过其用户能够根据自己的喜好设置不同的主题，还可以为聊天室设置不同的背景。2010 年底，Kakao 推出了"Gift 服务"，用户可以在该应用内购买咖啡或巧克力等优惠券的小礼品送给朋友，朋友们可以用这些优惠券到实体的商店中购买。

虽然这些小礼品的价格都不高，但是这种行为促进了朋友们之间的感情。根据了解，这款服务尤其是在过节日的时候很火爆，当年情人节时，这项功能的单月营收达到 20 亿韩元，而当年就有 7700 个商品在这款功能下。

这种收费模式的确是一种创举。

Kakao 除了这种收费模式之外，还推出了一系列的付费表情。在表情商店中有付费和免费两种表情选择，有些表情是自己公司制作的，还有一些则是其他企业或者品牌提供的。当年 7 月份的一项数据显示，付费表情的单日平均收入就可以达到 1 亿韩元。

针对普通用户 Kakao 推出了一些收费的政策，针对企业用户同样有收费的项目。针对企业收费 Kakao 推出了 Plus Friend 功能，其和微信的公众账号类似，其中包含了娱乐明星以及企业商户的账户，用户在选择这些关注这些账号之后，就会接收到这些账号发布的广告等信息。而这种账号企业就需要向 Kakao 支付一定的费用。

2012 年 7 月，Kakao 更是推出了游戏平台，Kakao 的韩国用户可以在这个平台上看到很多游戏应用，而且用户在玩游戏的过程中还能看到好友的游戏排名，从而形成一种有趣的竞争，激发网友们坚持玩下去，好友之间还可以在这个平台上分享游戏的战绩和快乐。在 Kakao 的游戏平台上，最著名的就是一款消除类游戏，据说上线不到 3 个月就获得了 1600 万用户注册，每天就有将近 2 亿韩元的收入。现在的 Kakao 平台上有很多款游戏，大部分的用户最少都会选择下载一款游戏，以在闲暇的时候排解寂寞。

比起 Kakao 多元化的收费模式，Line 的赚钱方式就显得简单很多了，但是同样有效。

在热播韩剧《来自星星的你》中多次出现的 Line 并不是完全意义上的日本公司的产品，而是韩国最大的互联网集团 NHN 旗下的日本子公司 NHN Japan 推出的。虽然其起步要比 Kakao 晚一些，在 2011 年 6 月才上线，但是这款产品吸引用户的能力同样出众，现在 44% 的日本智能手机用户都会使用 Line。Line 上有一个非常吸引人的地方，那就是"聊天表情贴图"，这里共有 250 种以上的表情贴图，用户们可以通过使用这种服务表达自己的心情。

Line 官方设计推出了馒头人、可妮兔、布朗熊和詹姆士等可爱的表情贴图，当然用户想要拥有这些表情就需要支付一定的费用。

Line 也推出了自己的游戏平台，其在 2012 年 7 月和著名的 Birzzle 合作推出了游戏 Line Birzzle，用户下载了这款游戏后，就可以免费获得一套相关的表情贴图。在这种模式的激励下，Line Birzzle 在上线的第一天就获得了日本和台湾地区 App Store 下载榜的第一名。

之后 Line 不断发布全新的游戏，除了能够得到相应的免费表情贴图之外，也能够和好友一起玩游戏，在分享游戏快乐的同时还能够相互赠送游戏道具。

2012 年 7 月，Line 所属的公司更是宣布将 Line 打造成一个全新的名为 Line Channel 的服务平台，这个平台中涵盖了游戏、优惠券、数字音乐、电子书、虚拟货币和社交等服务。

而马化腾在了解了类似产品的收费模式之后，开始对自己的微信进行改造。于是，我们几乎在微信中见到了如上所有的收费模式。这种效仿让马化腾的微信团队很快找到了属于自己的收费模式，而且这些收费模式并没有给用户带来反感。比如表情贴图中大部分都是免费的，但是有些却需要收费，如果用户实在是喜欢收费表情贴图，就需要支付并不是很高的购买费用。

寻找主要的盈利模式

为了获得市场份额，马化腾在微信上开始了比较谨慎的尝试，以将其打造成能够盈利的产品。虽然马化腾对此很担心，但这是必须走出的一步。马化腾知道移动端的发展已经冲击到 PC 端，如果腾讯公司还在沿用传统的模式，那很有可能在这一浪潮中被很多企业超车，最终他辛苦积攒的市场份额将会荡然无存。

腾讯公司随后在微信上推出了一系列收费方式，但是这些远远不够，腾讯公司未来将会在移动电商和游戏平台上发力，因为这两部分的盈利模式才算得上大手笔。马化腾在微信已经拥有了 6 亿用户，这一次在用户量上其又占据了先机。关于此就连 360 公司的创始人周鸿祎都非常眼红，他知道这个庞大的数字是支撑腾讯公司在移动端战无不胜的"靠山"。

只不过此时马化腾对这部分资源的利用还不够充分。

在 2012 年的互联网大会上，马化腾就强调了时代赋予了 O2O 机遇，而且他坚持认为微信的二维码将会是连接线上和线下的关键入口。很多人认为马化腾接下来的主要战场会放在 O2O 上，而在此之前微信已经推出了"扫一扫会员卡"的功能，很多商家更是在自己的门口摆放了微信的二维码，很多用户都是通过扫描该二维码成为商家的会员，从而享受到一些会员优惠政策。

很多人都认可 O2O 庞大的市场，这已经不是互联网行业内部的事情了，即便整个市场也认可了这一点。饭统网前副总裁谢泷纲先生就曾经表示，O2O具有广阔的市场空间，仅仅上海一个城市就有太多、太多的商户，而这些商户都需要这种服务，那么全国乃至全世界呢？而且很多商户都有这样一个顾虑，到底该如何维护老顾客，并且让老顾客的客单价得到提高呢？微信的出现让这个问题迎刃而解。

对于商户来说，微信基本上没有任何的成本投入，通过微信却能够很好地联络老顾客，现在已经有很多商户开始利用微信来为自己的客户提供服务了。

其实不仅腾讯公司，几乎所有的互联网公司都在关注O2O如何收费的问题。微信还没有出现的时候，国内的生活服务类电商已经出现，或许他们的一些经验能够帮助到微信。著名的天使投资人丁辰灵作出预测，微信很有可能通过信息推送收钱。而这种方式类似于移动公司推出的短信套餐。

微信出现之前，有一些企业使用了短信群发平台，当他们有优惠活动的时候，会通过短信的方式发送到会员的手机上，而他们一般选择的都是移动公司推出的企信通这样的短信群发平台，但是其成本也不低，显然微信的出现降低了他们的成本。

在国内，大众点评可以说是向商户收费最成功的平台，其通过向商户提供优惠券和会员卡等向用户收取一定的服务费。不过大众点评的这种模式需要很庞大的地面团队，这些地面业务人员需要去做商家推广的工作。

而在行业内也有很多人认为微信的出现很有可能冲击到大众点评，但是大众点评的联合创始人龙伟就表示这种担心是多余的，微信和大众点评本身就做着完全不同的业务，微信主要是去维系老顾客，而大众点评则更多地是为商户带去新客户。

不管怎么说，几乎所有人都在思考着 O2O 到底如何收费。而这个时候二维码的出现被认为是 O2O 形式的闭环。

除了在 O2O 方面的发力之外，马化腾还决定在手机端中进军网络游戏行业。

关于此，马化腾最先选择在韩国试水，腾讯公司曾经耗费 4 亿元人民币投资了韩国版的微信 Kakaotalk，并且获得了 13.84% 的股份，而 Kakaotalk 在 2012 年 7 月推出了手机社交游戏平台。腾讯公司投资的韩国版微信 Kakaotalk 很快在韩国获得了成功，而其建立的游戏平台同样获得了成功。

业内很多人士都很看好这种尝试，而曾经在日本社交游戏公司工作过的泛海创想 CEO 郭峰指出，日本的手机网页游戏已经取得了成功，或许这种成功能够带给微信一定的启发，他认为微信很有可能成为 GREE 或 mobage 这样的平台。要知道在日本的手机网页游戏平台都很成功，而 GREE 可是一家拥有 1000 多人的公司，其营收能够达到 20 亿美元，可见这个市场的强大力量。

其实很早之前腾讯公司就和 GREE 有过接触和合作，马化腾也想通过对方吸取一些手机社交游戏的成功经验，毕竟在中国很多人还是更依靠于 Apple App Store 等应用商店。之前新浪微博也尝试推出过手机社交游戏，但是似乎没有取得很大的成功。手机网页游戏对流量的要求很高，而拥有巨大用户数量的微信将很有可能成为这种流量的输出来源。

而微信也的确和一些游戏开放商有过接触，马化腾还是希望微信能够在游戏方面走出一条路来。

在不久的将来，相信微信会通过 O2O 和手机端游戏两个方面强力开发出盈利模式。

移动电商将会是一个战略

随着时代的发展,我们身边每天都有改革和革新出现,如果说两年前还是电子商务时代的话,那么今天则是移动电商时代了。诸如阿里巴巴和京东商城这样的电子商务翘楚都纷纷开始进军移动电商,他们的战略重心都在做着转移,很多商户也对此寄予了厚望。

此时腾讯电商也应该将战略的重心转移到移动电商上,而且他们拥有先天的优势,如果能够利用好微信这个平台的话,相信在这个弯道实现超车不是没有可能的。

现在的阿里巴巴和京东商城已经不是当年的企业了,他们的发展真的是一日千里,如果腾讯公司想要在这个领域上有所斩获的话,就必须加紧自己的步伐。

虽然现在的腾讯电商在独立运营,但是相信移动电商时代的发展已经不是腾讯电商的转折点,而是腾讯集团的风水岭。

腾讯公司发展到今天已经是一个非常全面的互联网公司了,涉猎诸如IM、邮箱、游戏、社区、门户、视频、电商等等领域,且都表现不俗。从表面上看,这种家大业大的形势能够帮助腾讯公司在移动电商上取得成功,但如果这种战略不能提升到整个集团公司的高度上,仅仅是腾讯电商在操作的话,恐怕这些良好的资源都不能直接被利用,而且因为内部利益等等原因的制衡，恐怕反而会有所弊端。

当年的马化腾在发展上因公司规模小而处处受制约，现在公司发展大了同样有了不同的制约。阿里巴巴和京东商城都将移动电商看作企业的未来，他们会将所有有效的资源向这个方向靠拢，毕竟他们是纯粹的电子商务公司，和综合性的腾讯公司不相同。

要想做好电子商务平台，马化腾就要有当年敢于烧钱的勇气，敢于将所有有效的资源都合理利用起来。

虽然微信在电子商务上的确有着足够的优势，但是站在集团的高度来考虑这个问题，马化腾不可能只是将其看作电子商务的一个平台。移动电子商务以后肯定是一个数万亿元的市场，现在腾讯公司的年收入能够达到400亿元，他们当前会受到市场整体规模的限制。而微信终究是要走向商业化的产品，寻求盈利点自然也是微信日后需要做的一件事情。

假设微信开始尝试移动端的网络游戏，也就是说复制一个手机版本的QQ游戏，显然其收益不会超过百亿；如果将微信打造成媒体广告，那么通过广告得到的收益自然也就百亿左右，甚至能不能上百亿还得另说。虽然很多评论家都在帮马化腾想办法，但是马化腾可比他们清醒得多，他知道未来微信该做什么、不该做什么。经过这么多年的商场历练，马化腾早就不是那个单纯的喜欢天文的懵懂少年了。

移动电子商务能够让腾讯公司的业务上升到另外一个高度，现在阿里巴巴和京东商城都在全力投入，所以腾讯公司必须将此上升为集团的战略，才能够实现这个目标，要不然仅靠腾讯电商的团队努力是不够的。

其实很多网友看到，阿里巴巴推出了手机端的淘宝和天猫，京东商城也推出了手机版的京东。按照这种考虑，腾讯公司也可以推出手机版的易迅或者手机版的QQ网购，这不就解决了所有问题吗？但网友们有没有想过，在我们的手机中安装了京东客户端、天猫客户端之后，谁还愿意再安装一个易迅客户端？而此时微信的优势就出现了，因为无论如何，使用智能手机的人都愿意在自己的手机上安装微信客户端。

也就是说，不是腾讯公司选择了将微信打造成移动电商的核心，而是消费者已经帮助马化腾和腾讯团队作出了选择，他们已经处于没有办法的地步。

当年腾讯公司就是凭借着QQ在邮箱、游戏和门户等领域中纷纷站稳了脚跟。而这一次微信就是手机版的QQ，毕竟手机太小无法和电脑相比，所以很多用户是不愿意安装太多软件的，他们更希望能够通过一个入口进入各类内容的领地。

腾讯集团在电商上的发展主要依靠微信，这一点是商户和消费者的选择，所以这个时候腾讯集团必须站出来将此上升到集团的战略上，从而在这个弯道上成功超车，如果腾讯集团没有看到这一点的话，将可能在电子商务的领域被甩得越来越远。

在电子商务平台上，无论是PC端还是移动端，商户和消费者的需求都是明确存在的，微信绝对可以成为一个移动电商的第一级入口。凡是有销售的其他电商们都无需自己辛苦研发APP了，也不用再花费时间和钱财想着如何推广自己的APP，他们要做的就是维护好他们的微信粉丝。

这些并不是出于假设，而是真正意义上能够实现的。商户用微信来实现和粉丝的互动，以及对粉丝的维护，之后他们就可以更安心地思考如何将商品和服务做到极致。

腾讯公司的未来在什么地方或许马化腾很清楚，但是在今天这样一个移动电商的时代，腾讯公司或许可以借助这个弯道真正意义上地实现电子商务市场的超车。

让我们拭目以待。